Tableau de Rachel. Huile. Chemins de vie.

Prévisions Astrologiques Intuitives 2025

Si chacun devient ce qu'il est, le monde sera réparé !

par RACHEL

© 2024 Rachel
Édition : BoD · Books on Demand GmbH,
In de Tarpen 42, 22848 Norderstedt (Allemagne)
Impression : Libri Plureos GmbH,
Friedensallee 273, 22763 Hamburg (Allemagne)
ISBN : 978-2-3225-5486-7
Dépôt légal : Octobre 2024

Un peu de théorie astrologique pure : Année 2025, marquante pour des raisons politiques, sociales et astrologiques. Pluton en Verseau annonce des transformations profondes de la société. Le transit de Mars en Lion, qui dure exceptionnellement longtemps, crée une opposition avec Pluton, ce qui pourrait entraîner des tensions et des conflits majeurs. Le début de la Seconde Guerre mondiale présente à ce sujet des similitudes cosmiques. Cependant, il nous faut adopter une approche positive face aux défis à venir, tout en restant vigilant face aux énergies puissantes en jeu. L'impact de la Lune sur Pluton au début de l'année 2025, souligne la nécessité d'un équilibre dans les discussions et les décisions politiques…

Mon ressenti : Tout commencera à bouger à partir du printemps 2025... Une conjonction entre Jupiter et Uranus en Taureau, le 21 avril, va profondément remettre en question le bien fondé de certaines valeurs établies. En effet, des points de repères vont radicalement changer. Le coup d'envoi du « pas en avant colossal » vers l'évolution qui va s'étendre maintenant sur les vingt-cinq prochaines années, a été lancé, depuis novembre 2024, par Pluton qui est entré dans le signe du Verseau. La révolution de 1789 représente une goutte d'eau à comparé du tsunami cérébral qui va avoir lieu. En effet, cette révolution de 2025 n'utilisera pas la guillotine, elle sera celle des neurosciences.

Tous les signes du zodiaque seront impactés par ces bouleversements. Ce sera un ras de marée immense que chacun vivra à sa manière, selon son niveau de conscience. En 2025, Uranus passe en Gémeaux. Dès lors, tout ira de plus en plus vite, sans possibilité de retour, ceci au moins pendant les six années qui vont suivre. Uranus est une planète très puissante qui, en Gémeaux, va accélérer à outrance la transmission de l'information et, dans tous les domaines, les technologies utilisant les « vibrations ». Tout ce qui représente la communication va évoluer à une vitesse exponentielle. Des solutions innovantes apparaitront alors, des revirements de position ou de situation vont rendre possibles des changements définitifs. Saturne se trouvera en Bélier, signe de feu, pendant deux ans.

Voilà encore de quoi provoquer des transformations radicales qui vont bouleverser nos habitudes, à condition toutefois de savoir monter dans le (bon) train qui restera en gare pendant 2025. En mai et juin, Jupiter ouvrira tous les possibles et élargira à son maximum l'horizon collectif. Ces changements concrets nous imposeront alors une nouvelle dimension. Nous y sommes ! Cette fois, nous faisons tous partie intégrante du casting du plus grand film de science-fiction de l'histoire de l'humanité. Il va falloir très vite choisir sa place ! C'est-à-dire choisir d'utiliser cette technologie pour le « meilleur », et non pour le « pire »... Car, pour éviter le pire, il faudra garder son discernement, son intégrité, sa vérité, l'essence de soi-même, l'amour, la spiritualité, le libre-arbitre, le bon sens…

Les Intelligences artificielles, les robots humanoïdes seront capables d'agir et de décider à notre place...

Avec ou sans nous, les informations circuleront à très grande vitesse ! Les transits majeurs de 2025 vont nous entrainer dans un monde totalement différent. Saturne, la terre, Bélier, le feu ! Plus tard, il y aura aussi un transit de Neptune en Bélier, l'eau et le feu, générateurs de confusion, de grandes perturbations pour beaucoup, qui provoquera de profondes remises en question. Toutefois, des volontés formelles d'amélioration du mieux-être des gens apparaitront et s'imposeront massivement et l'atmosphère tendra ainsi malgré tout à se faire plus légère et agréable. Il sera même facile de constater que les tensions se dissiperont et une volonté d'union et de solidarité spontanée se révèlera. En août et décembre, Saturne, entravera encore certains élans novateurs en matière d'économie, instillant des vagues d'appréhensions dans l'esprit des entrepreneurs. Mais, dès fin juin nous sentirons monter le vent de libération salvateur capable d'effacer de nos mémoires les passages anxiogènes vécus ces dernières années.

En 2025, le défi sera de choisir de prendre le « bon » de cette avancée spectaculaire, sans se laisser absorber par le « mauvais ». En clair, l'être humain, doté d'une âme, aura le choix de retrouver, ou non, son propre pouvoir, seul capable de lui permettre de continuer à agir. Ce questionnement ne devrait pas être nouveau pour celui ou celle qui est conscient de l'importance de la raison de sa présence sur cette planète. Il nous faudra savoir décider de profiter des points lumineux bénéfiques, et ne pas céder à la force du typhon qui va tenter de faire table rase de ce que nous sommes encore… Il faudra accepter ou ne pas accepter, de laisser les choses se faire à notre place. L'enjeu n'a jamais été aussi crucial ! Nous sommes les générations « privilégiées » qui doivent décider de l'avenir de notre humanité. Si nous savons qui nous sommes, si nous savons en qui et en quoi avoir confiance, alors nous ne craindront pas l'impact potentiel redoutable des planètes de 2025. Allons-nous, oui ou non, défendre nos valeurs ? Nous n'avons encore jamais connu de révolution aussi puissante que celle que nous allons vivre. Que chacun choisisse son camp, en son âme et conscience… Que chacun devienne lui-même, les gens doivent apprendre à être eux-memes et non à vivre sous des influences qui ne leur donneront pas la possibilité d'exister. Il n'y aura ni retour, ni droit à l'erreur. Si chacun devient ce qu'il est, le monde sera réparé ! Et une page se tournera enfin pour le Meilleur !

Bonne et Grande Année 2025 à tous ! Pour cultiver la Confiance, la Bienveillance, l'Abondance, la Joie dans nos cœurs de chair ! Quel que soit l'avenir dont vous rêvez, faites-en, à partir de 2025, une réalité !

PARTIE 1
GRANDES TENDANCES SIGNE PAR SIGNE

BELIER 2025

INTRODUCTION

Cher Bélier, plein feu sur les projets avec un enthousiasme débordant et une grande confiance en vous génératrice de courage et d'ambition. Le ciel vous sera favorable et vous portera harmonieusement tout au long de cette année 2025. La chance vous escortera. Vous récolterez de beaux succès financiers et ferez ainsi partie des grands privilégiés de cette nouvelle année. Soyez à l'écoute de vos ressentis car vous serez en mesure d'envisager des progressions notables qui satisferont pleinement votre instinct de puissant précurseur.

SANTE

En 2025, votre moral sera de taille à affronter n'importe quel défi. Votre santé de fer, entretenue par de bonnes habitudes alimentaires et physiques, vous fera avancer à votre guise, parfaitement maitre de vos capacités. Le Bélier sera une force de la nature que rien ne pourra freiner ! Vous saurez vous accorder des temps de repos nécessaires pour maintenir votre rythme hyperactif. En un mot, 2025 est une année de maitrise physique qui sera pour le Bélier synonyme de dynamisme et de puissance. Vous battrez vos propres records et vous trouverez le temps et les moyens nécessaires pour gérer vos projets.

FINANCES /TRAVAIL

Vous serez plus indépendant et volontaire que jamais. Ce qui ne vous empêchera cependant pas d'envisager aussi des activités de groupe. Vous saurez vous adapter avec souplesse à toutes nouvelles situations susceptibles de vous faire évoluer financièrement. Les résultats que vous obtiendrez seront brillants car vous ne vous économiserez pas pour atteindre vos objectifs. Pendant le second semestre, vous éclaircirez des situations restées ambiguës. Les décisions que vous prendrez alors seront irréversibles. On pourra constater à quel point vous êtes d'une implacable intransigeance quand il s'agit de l'honneur et de l'honneté de votre travail.

AMOUR/FAMILLE

C'est une année agréable sur les plans affectif et relationnel. Votre réactivité impétueuse de Bélier vous permettra de parer les coups avant qu'ils ne vous touchent ! On appréciera votre spontanéité et votre personnalité positive. Vous saurez entretenir une saine complicité dans tous types de relations. L'amour sera présent avec une nette accentuation vers la plénitude à partir de juillet. Vous élaborerez alors des projets à deux pour vous construire le monde que vous avez toujours voulu édifier autour de vous. Vous vous sentirez sincèrement aimé et respecté. Les célibataires feront à coup sur une très belle rencontre.

TAUREAU 2025

INTRODUCTION

Cher Taureau, vous avancerez avec prudence pour sceller sereinement un équilibre général durable, très apaisant. Vous évoluerez méthodiquement, l'esprit clair, les choix et les intentions parfaitement calculés. Ainsi, vous repousserez vos limites, vous vous surpasserez, en plaçant volontairement la barre très haut pour acter chaque avancée. Rien ne vous échappera et vous saisirez toutes les opportunités potentielles avec ardeur.

SANTE

Le Taureau jouira d'une forme éblouissante, vous ménagerez votre santé. Et, même si la fatigue vous envahit, vous ne vous laisserez pas déstabiliser,bien longtemps par le doute ou le besoin de repos, car vous saurez sagement écouter et respecter vos besoins. Vous envisagerez de suivre des programmes de coaching sportif pour savamment doser vos forces. Vous maintiendrez ainsi un contrôle rigoureux de vos énergies et de votre tonus. Vous miserez également sur la qualité de votre alimentation et suivrez des cures de vitamines. Vous vous sentirez parfaitement maitre de vos potentiels et éviterez ainsi tout risque de déconvenues. En un mot, vous vous occuperez de vous comme on soigne un cheval de course.

FINANCES/TRAVAIL

Vous ne renoncerez à aucun de vos objectifs, dès l'instant où vous serez intimement convaincu de la nécessité d'agir. Vous ne vous épargnerez aucun effort. Vous investirez toutes vos énergies dans l'évolution de votre réussite professionnelle et matérielle. Le printemps sera une période particulièrement active et fructueuse, des réponses primordiales arriveront et vous ouvriront d'immenses possibilités. Vous enchainerez ensuite vos actions au gré de votre inspiration. On vous reconnaitra pour vos multiples talents et qualités. Ainsi cette nouvelle année va vous permettre de franchir des limites encore jamais atteintes dans l'échelle de vos réussites.

AMOUR/FAMILLE

Un début d'année riche en émotions amoureuses. Vous serez plus vénusien que jamais et vous vous sentirez l'âme de révéler vos plus tendres sentiments. Vous aurez à cœur de stabiliser une histoire d'amour, à vous engager solennellement. Vous accorderez beaucoup d'importance et de temps à ceux que vous aimez et vous serez crédible et convainquant en leur prodiguant vos soins assidus et sincères. Le Ciel vous permettra de réaliser votre rêve. Votre stabilité affective vous donnera les forces nécessaires pour vous accomplir dans tous les domaines de votre vie. Vous serez romanesque et heureux pendant toute cette année 2025 !

.

GEMEAUX 2025

INTRODUCTION

Voilà une année d'harmonieux équilibre ! Les planètes vous faciliteront la route, vous atteindrez des objectifs professionnels ambitieux qui vous combleront de satisfaction ! A partir du mois de mars, vous serez en possession de tous vos moyens pour entrer en action, vous vous sentirez en position de force. De plus, sur le plan relationnel, vous jouirez d'un large panel de contacts sur lequel vous pourrez infailliblement compter. Vous mettrez en place des projets porteurs de grands succès. Vos proches solliciteront particulièrement votre attention et de votre tendresse. Vous avancerez méthodiquement. Cous aurez finalement la fierté de constater que vos résultats espérés sont largement atteints !

SANTE

Vous serez dans une forme éclatante !

Vous ne laisserez rien au hasard car vous vous organiserez méticuleusement pour ne pas ressentir la fatigue. Aussi, envisagerez-vous des cures et des soins d'entretien et le résultat sera concret et valorisant. Vous atteindrez un point d'équilibre rassurant qui vous permettra de sublimer vos énergies mentales. Vous consoliderez votre moral, vous évitant ainsi toutes pertes de temps et d'énergie. L'efficacité sera votre mot clé tout au long de cette nouvelle année. Vous pratiquerez vos passions, car elles vous apportent la satisfaction supplémentaire indispensable qui nourrit vos inspirations. En 2025, vous avancerez comme un bulldozer, sans vous retourner, et sans état d'âme. La voie est libre !

FINANCES/TRAVAIL

Vous vous renouvelez sans cesse ! Votre instinct de prudence vous alertera pour recadrer ceux qui évoluent à vos côtés au sein de votre d'activité. Vous ne tolèrerez aucune défaillance et ainsi, vous éviterez les mauvaises surprises, tant sur le plan amical que professionnel. Authentique, vous attendez que ceux qui vous côtoient vous renvoient la même qualité d'énergie que la vôtre. Les bonnes planètes vous influenceront aux bons moments et vous agirez spontanément, sur de vos ressentis. Vous serez un véritable philtre pour vous-même, car vous ne laisserez rien ni personne vous « polluer ».

AMOUR

Vous recentrerez les choses, verbaliserez, vous n'hésiterez pas à aborder chaque détail sincèrement. Préparerez-vous à des mois d'été passionnants ! Vos rencontres vous apporteront un nouveau souffle dans vos échanges. A partir de l'automne, vous aurez le sentiment d'avoir joliment rééquilibré votre vie amoureuse. Vous vous sentirez fort et serein face à un futur affectif riche de promesses.

CANCER 2025

INTRODUCTION

2025, l'année des bonnes surprises ! Les astres vous fabriqueront des jours riches en rebondissements de tous ordres ! Aussi, soyez adaptable, jusqu'au bout de ce passage unique parrainé par la chance qui comblera vos désirs et vos attentes ! Les amis seront présents et vous apporteront beaucoup de soutien car votre vie amorcera un nouveau tournant, qui pourrait, au départ, vous déconcerter. L'Univers prendra cependant soin de vous !

SANTE

2025 révèle en vous une nouvelle puissance ! Votre enthousiasme et votre dynamisme remonteront en flèche. Votre instinct de survie et votre riche capacité de raisonnement vous permettront de vos extirper de toutes problématiques. L'été vous donnera la satisfaction de vous retrouver complètement réparé. Vous prendrez particulièrement soin de votre apparence. Des l'automne, vous constaterez à quel point 2025 vous aura réussi ! Vous serez fier de vous et de votre magnifique métamorphose. C'est une année pour renaitre. Quand vos points de repères vont changer, gardez confiance et continuez à avancer avec votre intuition. Vous allez atteindre votre état d'excellence et devenir un Cancer heureux d'exister en ce monde !

FINANCES/TRAVAIL

Plus vous approcherez du second semestre, plus vous vous sentirez fort et serein devant toute situation professionnelle. A partir d'octobre, vous aurez le sentiment formel d'avoir grandi et dépassé ce qui pouvait vous inquiéter. Jusqu'à la fin de l'année 2025, vous serez sollicité de toutes parts au seing de vos activités. Vous renaitrez à une nouvelle qualité de vie.

AMOUR /FAMILLE

Si vous vous posez beaucoup trop de questions, vous risquez de vous plonger dans un état de stress inutile. En effet, la suite des évènements vous démontrera à quel point vous êtes sur la bonne voie. Vous vous construirez- une vie amicale et relationnelle bienveillante qui vous apportera beaucoup de réconfort. Les célibataires auront toutes les chances de faire une belle rencontre au cours du premier trimestre 2025. A partir du mois de mai, vous vous sentirez plein d'élan pour vous engager amoureusement sur le long terme. Vous aurez trouvé la bonne personne, capable de vous comprendre et de vous aimer comme vous en ressentez l'immense besoin. Tout se mettra en place et vous vous épanouirez alors dans une climat amoureux romantique à souhait. A partir du deuxième semestre, vous vivrez une véritable lune de miel amoureuse qui et vous envisagerez des projets sur le long terme avec bonheur.

LION 2025

INTRODUCTION

2025 vous fera rugir de bonheur ! Le premier trimestre vous ouvre les portes de la félicité ! Les chances, les possibilités, les bonnes personnes, les synchronicités s'organisent pour vous surprendre et vous combler. A partir de l'été, tout ce que vous aurez semé va fleurir et vous constaterez que vos efforts passés n'auront pas été vains. A la rentrée de septembre, les potentiels seront tellement nombreux, que vous aurez besoin de prendre du recul pour trancher. Des décisions très importantes s'imposeront alors. Et vous ferez les bons choix, aux bons moments. Restez fidèle à vous-même et cultivez massivement vos intentions.

SANTE

Votre ambition vous épuise ! Vous vous donnez des objectifs gigantesques en oubliant que vous avez des limites. Aussi, acceptez d'entendre les cris de détresse de votre corps ou de votre mental quand la charge est trop lourde. Apprenez à vous respecter, à être bienveillant avec vous-même car la perfection n'est pas de ce monde ! N'attendez pas, pour réagir, que votre force physique ou vos capacités d'endurance mentales, lâchent. Anticipez, tenez compte de vos ressentis, ce ne sera pas une preuve de faiblesse. Détendez -vous, reposez- vous, amusez-vous, souriez, cultivez la joie, chaque fois qu'il le faut. Dès le printemps, vous pourrez instaurer un rythme confortable tout à fait efficace. Gardez le contrôle !

FINANCES /TRAVAIL

Vous voguerez dans la tempête relationnelle comme un vieux loup de mer ! Vous résoudrez des situations tendues grâce à votre éloquence. Vous ne négligerez aucun détail, sans perdre votre sang froid et sans perdre de temps. Vous consoliderez votre cercle relationnel, avec sincérité et passion. Vous aurez le sentiment magique d'être enfin à votre place.

AMOUR

L'Amour va vous métamorphoser en la meilleure version de vous-même. Et vous ne verrez rien venir, et vous ne contrôlerez rien ! Vous sourirez d'extase... Le début de l'année 2025 sera pour vous une révélation, une renaissance, pour le Meilleur, le bonheur absolu ! Votre réseau sera particulièrement bienveillant et présent. Vous vous sentirez en pleine possession de vos moyens et vous n'aurez aucun mal à vous exprimer sincèrement et complètement, sans crainte, sans limite. Vous vous renouvelez complètement, vous innovez, vous transformez votre vie de mains de maître. A partir de l'automne, vous mettrez les choses au point de façon radicale. Vous vous exprimerez avec brio, pour vous libérer, et pour ne plus avoir à y revenir.

VIERGE 2025

INTRODUCTION

2025, année de réflexion et d'analyses. Egal à vous-même, votre attention tournera autour du seul thème béni de l'Amour. Vous réfléchirez longtemps et prendrez finalement vos décisions brutalement, sans réserve. Vous êtes entier et authentique. Vous ne dosez pas l'Amour ! C'est tout, ou rien ! Sur le plan professionnel, il y aura des engagements importants à organiser dans le courant du premier trimestre.

SANTE

Votre état d'esprit soucieux du détail vous permet de préserver votre santé et votre forme. Vous savez prendre soin de vous. Vous sélectionnez votre nourriture, vous vous accordez le sommeil nécessaire, vous privilégiez une ou plusieurs activités pour vous relaxer… Une fois que les règles sont posées, vous n'avez plus qu'à les suivre, et vos ambitions sont atteintes sans frustrations. Vous avez aussi un sens inné de l'élégance qui vous inspire d'heureux changements. Vous vous accorderez un magnifique moment de détente dans le courant de l'été. Vous repartirez ainsi de plus belle dans vos activités pour la rentrée de septembre. Les planètes n'entraveront pas vos projets. Vous aurez de la chance et de l'inspiration pour avancer de mieux en mieux et de plus en plus vite.

FINANCES/TRAVAIL

Vous n'avez pas peur d'être seul, vous craignez seulement de vous retrouver seul face à un groupe de gens en qui vous ne pouvez pas avoir confiance. Aussi, vos vrais amis vous sont précieux et vous leur donnez le meilleur de vous-même. Vous établissez une atmosphère réciproque d'infaillible complicité. En Mars, vous élargirez encore votre cercle relationnel. Vous êtes bienveillant. Soyez toujours prudent, car la jalousie rode, on essaiera peut-être d'abuser de votre gentillesse infinie.

Vous ne cachez pas vos ressentis, aussi vous ferez-vous entendre si quelque chose venait à vous perturber. Quand quelqu'un de docile ne se laisse pas faire, on dit de lui qu'il devient « difficile » ! Pensez à vous.

AMOUR

L'Amour se construit, se coule dans le béton, en 2025. Vous mettrez en place une nouvelle organisation. Dès le printemps, vous serez fixé sur des dispositions qui vous conviendront tout à fait. On vous prouvera les sentiments inconditionnels que l'on vous porte et vous vous sentirez heureux et fier de les mériter. L'avenir amoureux se dessine avec précision. Vous êtes volontaire, conquis et stable. A partir de l'été, vous changez ou embellissez votre lieu de vie. Vous misez sur du long terme, du définitif, vous voyez loin et grand, pour toujours.

BALANCE 2025

INTRODUCTION

Voici venu l'année de la récompense ! Vos actions patientes passées vont maintenant être récompensées. Votre façon de penser, votre personnalité brillante, vos valeurs, vous permettent d'être respecté et recherché dans votre milieu. Le premier semestre marquera une grande avancée professionnelle. Une évolution, une responsabilité, une réussite fulgurante vous propulse au premier rang et vous vous sentez parfaitement à votre place, tout à fait capable de l'assumer. Votre bienveillance innée, votre sens du respect humain, instaurera des rapports chaleureux. Vous surmonterez tous défis potentiels sans fatigue ni inquiétude.

SANTE

Prenez le temps d'entretenir votre santé. Vous vous investissez à fond dans tout ce que vous faites et vous ne limitez pas vos efforts. Aussi, quand la fatigue signale sa présence, ne tardez pas à venir à votre propre secours. Vous pourrez ainsi réaliser des prodiges tout au long de 2025, grâce à votre état d'esprit positif, votre mental équilibré, votre tonus et votre amour chronique de la vie. Vous êtes porté par vos passions et votre authenticité, qui renouvèlent en boucle vos énergies. Accordez-vous des récompenses à la mesure de vos attentes. Vous étonnerez par votre puissance créative et votre talent inégalable. L'année 2025 sera semée de chances et d'opportunités incroyables. Les planètes veilleront particulièrement à vous préserver des mauvaises surprises. Vous atteindrez un sommet exceptionnel dans tous les domaines de votre vie, comme vous ne l'avez encore jamais vécu auparavant.

FINANCES/TRAVAIL

Une ambiance confortable s'installe autour de vous. Vous travaillez désormais dans un climat de satisfaction totale. Vous serez invité et recherché. Votre vie mondaine prend un essor nouveau tout à fait inattendu. Vous serez le personnage central, celui ou celle qu'on observe, la référence, le modèle. Vos amis proches et votre cercle familial resteront pour vous un refuge potentiel précieux pour venir y puiser du réconfort et des conseils.

AMOUR

Votre vie amoureuse prend un tournant radical et vous emporte dans une vie de rêve inespérée ! La transformation sera incomparable. Des évènements concrets s'imposeront dès le printemps. Vous allez vivre un véritable conte de fée, et vous ne pourrez rien arrêter. D'ailleurs, vous ne le souhaiterez pas ! Vous vous engagerez pour l'éternité avec une joie incommensurable ! Sachez simplement, que rien ne viendra entraver cette vague de bonheur immense.

SCORPION 2025

INTRODUCTION

En 2025, il y aura des accélérations mais aussi des coups de freins ! Il faudra veiller à fonctionner à votre rythme. En effet, certaines planètes brouilleront vos pistes, tandis que d'autres vous porteront vers le succès. 2025 commencera par des opportunités professionnelles qui génèreront du bon changement. On vous confiera des responsabilités nouvelles. Vous saurez tirer parti de chaque avantage potentiel. L'été vous surprendra par des découvertes impromptues et passionnantes. Vous aurez aussi le bonheur de vivre des minutes amoureuses exceptionnelles.

SANTE

La multiplication des situations successives vous mettront à rude épreuve. Vous risquez de vous sentir fatigué et décentré. Organisez-vous pour vous rééquilibrer régulièrement en préservant vos qualités de concentration. Ne vous faites aucun reproche, car la barre sera haut placée et il vous faudra parfois faire beaucoup d'effort pour obtenir ce que vous désirez. Aussi, ne soyez pas dur envers vous-même, accordez-vous des plages de repos et de détente chaque fois que vous le pouvez.. Du contrôle et de la patience, et tout ira pour le mieux. Tous vos efforts cumulés seront payants et vous finirez par atteindre vos objectifs sans y laisser ni votre santé, ni votre paix intérieure. Il faudra vous ménager pour durer pendant cette année de montagnes russes. Devant chaque difficulté, ayez bien à l'esprit que tout passe ! De la patience, de l'endurance, et vous gagnerez la partie en 2025 !

FINANCES/TRAVAIL

Certains feront l'expérience de votre puissant tempérament si on cherche à vous contrer sur des choix qui vous sont précieux. Personne ne vous fera changer d'avis !. Au besoin, vous serez capable de lever le ton et de vous faire entendre haut et fort. Peut-être manquerez-vous un peu de patience, mais au moins vous serez compris et respecté. Il faudra attendre l'automne pour retrouver des eaux calmes et paisibles, exemptes de tensions. Vous saurez alors montrer votre plus affectueux visage.

AMOUR

Dès le début de l'année, vous aurez le plaisir de partager des moments de connivences amoureuses qui vous mettront le cœur en fête. Vous serez ainsi porté par une douce chaleur affective qui comblera vos désirs et vos manques. Les couples consolideront leurs projets et leurs liens. Les célibataires n'auront que l'embarras du choix. Jusqu'à la fin de l'année, vous ne vous sentirez jamais seul, ni délaissé. Les émotions amoureuses ne vous accorderont pas le temps de souffler.

SAGITTAIRE 2025

INTRODUCTION

Une nouvelle énergie vous permettra de vous plonger dans n'importe quel type de projet en 2025 ! Vous trouvez enfin le moyen d'utiliser tous vos potentiels ! Vous établirez un équilibre, prendrez la première place, serez connecté et très intuitif ! C'est une année de plein potentiel, vous vous réalisez, vous vous concentrez sur vous. Les négociations seront fructueuses. Cher Sagittaire, cette année est exceptionnelle pour vous ! Action ! Vous séduirez ! Vous voyagerez !

SANTE

Vous transformerez certains aspects de votre personnalité, en vous adaptant à un mode de vie sain sur les plans de la nutrition, de l'hygiene de vie, de la pratique d'un sport ou d'une passion. Votre volonté à toutes épreuves vous fait avancer et vous réussissez à vous structurer physiquement et intellectuellement comme vous sentez devoir le faire. Vous remodèlerez votre corps comme vous le souhaitiez depuis longtemps. Vous prendrez soin de votre allure dynamique, élégante et positive. Encouragez-vous et appréciez-vous à votre juste valeur, car vous devenez la meilleure version de vous -même ! Prenez-en conscience , cela vous rendra encore plus fort.

FINANCES/TRAVAIL

La vie sociale et professionnelle sera particulièrement protégée car des portes stratégiques se présenteront et s'ouvriront pour vous. On remarque vos talents et votre qualité de travail. Votre intelligence et votre créativité vous permettent de vous adapter à tous types de situations nouvelles et vous êtes capables de gérer des contextes professionnels très difficiles ou délicats. Vous saurez éviter les conflits et relever les défis. Votre approche bienveillante crée autour de vous un climat chaleureux favorable aux bonnes collaborations. De plus, vous êtes avant-gardiste, particulièrement informé, ce qui vous permet de sortir des sentiers battus. Vous êtes une personne précieuse que vos amis ou collaborateurs ne veulent pas perdre.

AMOUR / FAMILLE

Vous vous épanouissez dans votre vie de couple. Vous êtes à l'écoute de l'autre et très attentif à protéger votre univers. Vous êtes réaliste et responsable. Les célibataires font une rencontre marquante. Le climat est à la concrétisation de projets à deux. Vous entretiendrez une atmosphère fluide, vous favoriserez la discussion et la transparence pour éradiquer d'office tous risques de quiproquos. L'environnement relationnel pourrait provoquer des malentendus que vous saurez d'emblée juguler adroitement.

CAPRICORNE 2025

INTRODUCTION

Mises au point dans tous les domaines ! Vous ressortez les vieux dossiers, vous vous débarrassez de l'inutile ! Vous prenez les conseils nécessaires auprès des spécialistes. Vous ne laissez plus rien trainer derrière vous. Vous faites de la place pour laisser entrer ce qui est nouveau ! Vos actions efficaces vous rapporteront d'excellents retours dès le printemps. Une succession d'objectifs élevés génèrera, grâce à votre savoir faire et votre ténacité, des résultats gratifiants.

SANTE

Une rigueur militaire pour atteindre des objectifs élevés ! Vous entretiendrez votre forme mécaniquement, comme un sportif de haut niveau. Vous avez besoin de vous sentir physiquement, comme moralement, opérationnel. Vous programmerez méticuleusement vos actions à partir du printemps et vous n'y dérogerez pas. Vous serez satisfait des résultats obtenus. Vous saurez aussi vous accorder un repos réparateur. Votre nouvelle façon de fonctionner, depuis l'an dernier, passe par une étape incontournable : ne plus vous imposer ce qui ne vous convient plus ! Vous chassez désormais les idées noires d'un revers de pensée et vous cultivez votre pouvoir d'intention comme un coach professionnel. Vous vivez chaque moment présent avec délice.

FINANCES / TRAVAIL

Vous êtes entouré d'amis et de personnes de confiance sur qui vous pouvez compter en toutes circonstances et qui peuvent, en retour, compter sur vous. Cette année de bouleversements cruciaux, cher Capricorne, vous invitera à aller chercher réconfort auprès de ceux en qui vous avez foi. Ainsi, vous franchirez vos nouveaux obstacles. Vous agrandirez votre cercle relationnel, surtout pendant l'été. La communication est fluide et bienveillante. Vous montrerez sans compter votre générosité. Vous êtes désormais intimement convaincu d'être capable de résoudre toute problématique potentielle.

AMOUR / FAMILLE

A partir du deuxième trimestre 2025. votre vie amoureuse s'ouvre comme une orchidée au soleil. Vous allez ressentir des émotions inconnues pour vous. Les planètes orchestrent votre renaissance et provoquent dans votre vie un chamboulement bienheureux. C'est la nouveauté sublime qui entre dans votre vie et votre cœur ! C'est en septembre que vous prenez des décisions irrévocables. Vous améliorez votre qualité de vie, vous vous engagez, vous changez tout ce qui ne vous correspond plus. Il y aura des choix tranchants à faire et vous les ferez, l'esprit clair, sans regret d'aucune sorte.

VERSEAU 2025

INTRODUCTION

Vous prévoyez tout ! Vos sens s'affinent vous devenez un visionnaire !Aussi, sentez-vous dans quelle direction le vent souffle. Ce qui vous permet de protéger votre chère indépendance. Les opportunités vont se jeter sur votre route et vous n'aurez qu'à piocher celles qui vous paraitront les plus compatibles avec vos objectifs. Vous attirerez beaucoup de monde dans votre sillage. Une année 2025 de haute maturité et de résultats exceptionnels !

SANTE

Prenez soin de vous ! N'accumulez pas les tensions. Exprimez-vous chaque fois que vous en ressentez le besoin afin de ne pas risquer la surcharge mentale. Accordez-vous des pauses détente fréquentes, chaque fois que vous en ressentez le besoin. Désintoxiquez-vous régulièrement du trop plein afin de pouvoir poursuivre vos plans comme vous le prévoyez. Chaque transformation sollicite toute votre énergie et creuse des fossés de fatigue auxquels vous ne pouvez pas échapper. Aussi, décompressez ! Protégez votre confort de vie quotidien. Donnez- vous du temps, de l'air pour que vos idées, comme des fruits, soient parfaitement murs pour être à point.

FINANCES / TRAVAIL

Une étape après l'autre. Et vous n'en finirez plus de gravir vos échelons jusqu'au but que vous vous serez fixé. Vous serez redoutable sur vos exigences vis-à-vis de vos collaborateurs ou employés. Vous attendrez de leur part un engagement sincère. Vous serez capable de donner beaucoup en retour . Vous prendrez d'inéluctables distances avec ceux qui ne gagneront pas votre confiance. Vous éviterez les conflits pour éviter les pertes de temps. Vous ne renoncerez à aucun de vos projets ! A partir de septembre, vous serez satisfait de la qualité de votre environnement et vous vous féliciterez d'avoir choisi la prudence comme guide.

AMOUR/FAMILLE

Vous êtes attentif à celui ou celle que vous aimez. Vous aurez en tête de vous engager. Vous serez sur de votre choix à partir du printemps. Vos émotions sont stables et fortes. Vous vous sentez maitre de vous-même et vous savez exactement ce que vous attendez dans votre vie amoureuse. Vous élaborerez à deux des projets que vous prendrez un plaisir fou à peaufiner. Vous serez volontaire, protecteur au possible. Ceux qui feront des rencontres, auront le sentiment d'avoir trouvé leur âme sœur et n'en reviendront pas d'une telle fusion amoureuse. Sachez que vos vœux seront exaucés, alors n'hésitez pas à demander ce que vous souhaitez au plus profond de vous les soirs de nouvelle lune !

POISSONS 2025

INTRODUCTION

De la tempête et du changement ! Ce sera pour la bonne cause ! Accrochez-vous et ne perdez pas votre nord, les transformations s'avèreront bénéfiques ! En début d'année, le vent gonflera vos voiles. Vous saurez manœuvrer votre vaisseau. A partir du deuxième trimestre, vous arriverez enfin sur une mer calme qui vous permettra d'agir régulièrement et de concrétiser vos attentes. Vous prendrez des responsabilités, des risques, pour réussir une évolution considérable. Vos armes de prédilection seront votre patience, votre bienveillance et la Chance.

SANTE

Vous vous inquiétez beaucoup pour ceux que vous aimez. Vous donnez sans cesse de vous-même. Cette émotivité intense ne vous laisse pas beaucoup de temps pour vous recentrer. Il faudrait vous accorder du repos entre deux opérations de sauvetage ! Sinon, vous risquez de ressentir une grande fatigue. Prenez- en conscience, car si vous êtes vraiment épuisé, vous ne pourrez plus aider personne ! Vous saurez profiter de beaux instants dans le courant de l'été. Dès le mois d'août, bien-être et équilibre font leur retour. Vous finirez l'année en très bonne forme, dopé par la qualité des résultats obtenus. Vous ne vous perdrez pas dans la tempête des changements de 2025, car vous possédez un GPS interne : vos intuitions !

FINANCES/TRAVAIL

Des opportunités sérieuses se présenteront à partir d'avril. On vous apportera un appui certain, vous rencontrerez les bonnes personnes, vous obtiendrez les autorisations, les accords, dont vous aurez besoin pour avancer. Vous serez très entouré et très apprécié. Vous êtes fidèle en amitié et vous serez toujours autant sollicité. En fin d'année, vous dresserez le bilan rassurant de toutes vos investigations.

AMOUR/FAMILLE

Dès le mois de février, les planètes vous imposeront un choix. Votre vie amoureuse se transforme, évolue, se construit. Vous pourriez aussi bouger sur le plan géographique. Le printemps vous inspire un changement total de décor, peut- être en relation avec votre évolution professionnelle. Quoi qu'il en soit, tous vos points de repères vont bouger au gré de vos décisions. On connait votre fiabilité, aussi ceux qui vous aiment n'hésiteront pas à suivre le mouvement. L'été vous fera connaitre des émotions puissantes. Vous vous investirez de toute votre âme avec celui ou celle que vous aimez , en prenant le risque d'improviser des situations inattendues. Vous serez sur de vos choix et les planètes vous escorteront sans vous contredire.

PARTIE 2
PREVISIONS ASTROLOGIQUES
INTUITIVES 2025

SIGNE PAR SIGNE

MOIS PAR MOIS

BELIER 2025

JANVIER

Le soleil en Capricorne du 1er au 19, escorté par Mercure du 8 au 28, dynamise votre signe tout en vous invitant à garder le contrôle en modérant vos pulsions de décisions intempestives. Tandis que Mars, la force, votre planète, rétrograde est en Lion jusqu'au 6, et s'échappe ensuite en Cancer d'où elle génèrera en vous des doutes et des hésitations. Aussi, prenez votre temps de la réflexion avant d'agir et ne prenez aucun risque compulsif, même si tout semble gagné d'avance. Le temps travaillera à votre avantage, ne forcez ni ne précipitez rien pendant cette période. Ce qui doit se faire se fera.

Il y aura des énergies intenses. Vous mettrez fin à des évènements qui vous freinent. Vous avez tiré des leçons et vous ne reviendrez pas sur vos pas. Vous allez mettre à jour des choses que vous avez gardées en vous, peut être vous vous faisiez croire que tout pouvait être supporté. Peut être aussi avez-vous pris des décisions à contre cœur. Mais vous allez vous libérer et vous retrouver dans des énergies d'équilibre et de maitrise.

Vous accueillerez aussi des conseils bienveillants venant de personnes de confiance. Ceci pourra exister dans tous les domaines de votre vie. Vous aurez un sentiment de victoire. Votre égo ou votre enfant intérieur se réjouira que justice vous soit rendue. Vous revenez dans la lumière et vous vous sentez complètement libéré. Vous vous poserez clairement la question de savoir comment vous vous sentez et vous vous accepterez enfin dans toute votre dimension. Vous débloquerez des émotions enfermées dans votre corps et vous allez faire circuler les choses et vous sentir à votre place. Vous vous éloignerez de ce qui ne vous convient plus en toute confiance. Vous serez face à vous-même et vous vous métamorphoserez. Vous vous ouvrirez alors sur l'abondance, matérielle, affective, professionnelle. Il y aura peut être des douleurs physiques qui stigmatiseront votre transformation. Vous évacuez ce qui est toxique et vous vous en débarrassez. Voici le « nouveau vous » qui apparait et qui vous emporte dans une nouvelle direction. Votre esprit et vos potentiels se développent et vous entrez dans une phase d'apaisement émotionnel. Vous serez sur de vos décisions. Vous vous surprendrez vous-même. Vous ne vous remettrez pas en question. Vous allez pouvoir vous construire quelque chose de nouveau, vous changez de vibrations, et ce qui vous attend s'appelle le Bonheur. Accueillez-vous tel que vous êtes. Vous comprenez que vous entrez dans une nouvelle phase de votre vie. Fiez-vous à votre cœur. Nouveau départ ! Portez du vert émeraude qui stimulera votre chakra du cœur.

FEVRIER

Il y aura deux temps. Le premier, jusqu'au 20, pendant lequel toute chose avancera sans entrave. Les échanges seront fluides, vous rencontrerez de nouvelles personnes dignes de confiance et d'intérêt. Vos besoins quotidiens seront comblés. Vous aurez le sentiment d'avancer sur votre voie. Vous projetterez de mettre en place des actions stimulantes. De beaux horizons s'esquisseront. Vous ferez preuve d'esprit logique et vous prendrez des décisions justes et équitables, d'abord pour vous. Puis, dans un second temps, Mars, votre planète, en Cancer, va, après le 20, générer une tension qui ralentira considérablement certaines attentes. Vous n'aurez alors pas envie de lutter ni de vivre des situations conflictuelles. Aussi, vous raisonnerez-vous Vous déciderez de lâcher prise et de prendre le temps et les mesures nécessaires pour éviter la contrainte ou l'inconfort. Vous transmuterez les contre-temps en situations productives, en décidant de vous occuper de vous, de vous rapprocher de vos sources d'intérêt, de vous consacrer à ce qui vous motive. Vous ne gaspillerez pas vos énergies à vous acharner à forcer certaines situations. Sachez que Jupiter, dès le 4, vous accorde la chance et met tout en œuvre pour vous harmoniser. Vous pourrez ainsi basculer sur de multiples nouveaux projets épanouissants qui vous apporteront de belles retombées.

Vous choisirez volontairement d'adopter une énergie de sagesse qui vous permettra de favoriser des actions rémunératrices en évitant de vous perdre dans des actions stériles. Vous entrerez dans un nouveau chapitre, vous vous délesterez de ce qui aura pu vous décevoir, et que vous aurez ainsi éradiqué, comprenant que les choses devaient se passer ainsi pour favoriser votre évolution.

Votre état d'acceptation va vous simplifier complètement la vie. Votre réactivité et vos manœuvres effaceront les insatisfactions susceptibles de vous contrarier, pour laisser place à un champ d'activité lumineux. Vous enclenchez alors un nouveau départ et une nouvelle façon de vivre. Ces changements positifs inattendus faciliteront votre bien-être moral et activeront pour vous une vie sociale riche et variée. Vénus, chez vous, vous douera d'un charme irrésistible. Vous pourrez vous féliciter d'avoir déjoué les obstacles.

MARS

Tout de base est bien orchestré, même si le Soleil en Poissons projette des peurs dans votre tête. Soyez clair avec vous-même. Mercure, chez vous jusqu'à la fin de ce mois, stimulera vos capacités à communiquer. Faites le focus sur vous et les choses se concrétiseront légèrement, sereinement. Votre inspiration s'activera, vous serez en capacité de surmonter toutes sortes de situations. Vous improviserez, vous communiquerez, vous réagirez avec tact et précision. Vous ne baisserez pas les bras. Vous ferez les bons choix. Vos souhaits seront exaucés. Vénus rétrograde, elle aussi dans votre signe, vous rendra lucide vis-à-vis de vos ressentis et de vos émotions. Sur le plan amoureux, vous serez complices, proches, vos points de vue seront similaires et vous donneront de la force. Les célibataires feront une belle rencontre, pleinement satisfaisante. Equilibre et renaissance ! Décidez une fois pour toute de faire un avec vous-même et vous obtiendrez tout ce que vous désirez. Mars en Cancer va vous inspirer la bonne attitude pour mettre de l'ordre dans vos relations familiales ou amoureuses. Avancez en sachant que nous sommes tous capables de gérer ce qui nous arrive. Vous serez un modèle de diplomatie, allez chercher vos réponses à l'intérieur de vous. Ne vous laissez pas détourner par des avis extérieurs. Ne changez pas d'avis, et choisissez d'aller droit devant, à votre convenance. Jupiter vous soutiendra dans vos relations et vos décisions. Les échanges seront agréables et sûrs. L'ambiance sera festive, fluide, épanouissante. Il y aura une compréhension réciproque qui vous mettra naturellement du baume au cœur. Pour couronner le tout, Neptune entrera chez vous le 30 et vous donnera le désir de poursuivre vos rêves sans faiblir.

AVRIL

Les évènements s'enchaineront vite. Vous chercherez des solutions nouvelles et vous les trouverez, avec maturité, et vous installerez chez vous l'abondance. Le Soleil sera chez vous jusqu'au 19, Mercure à partir du 16 et Neptune tout au long du mois et ces planètes vous permettront d'établir ce qui vous tient à coeur. Vous aurez une décision importante à prendre. Quelque chose d'essentiel prendra forme coute que coute. Vous aurez viscéralement besoin d'avancer et vous dépasserez vos peurs. Votre travail hautement qualifié et votre créativité vont être récompensés. Vous allez vous épanouir et les vides seront comblés. Vous vous ferez remarquer, on voudra collaborer avec vous. Possibilité de partenariat. Mise en mouvement grâce à votre façon unique de transmettre vos idées. Vous vous transformerez, les sentiments seront forts, les émotions intenses, les réjouissances chaleureuses. De plus, cerise sur le gâteau, vous aurez des surprises très agréables ! Un cadeau tombé du Ciel !

Mars, votre planète, en Cancer jusqu'au 18, pourra déstabiliser votre plan financier ou patrimonial. Il pourra y avoir des répercussions sur tous les aspects de votre vie. Aussi, prenez le temps de murir chaque décision. Ne ressassez pas, gardez votre mental clair et, parce que ce sera le moment d'agir, agissez en conséquence. Vénus et Mercure en Poissons compliqueront aussi vos choix. Prenez conseils auprès de spécialistes si nécessaire. Pas d'impatience et pas d'improvisation. Ce sera un passage à traverser, et sachez que vous y parviendrez ! Après 18, les planètes en Lion, protègeront vos amours ! Jupiter dynamisera votre moral, votre confiance en vous, vos intentions, vos désirs. Vous serez dynamique et volontaire. Pluton vous inspirera la nécessité de faire le ménage dans votre vie, vos relations. Vous vous éloignerez alors radicalement de présences envahissantes, toxiques, superflues. Tenez-vous prêt !

MAI

Voici un portail tout particulier, qui s'ouvrira, pour vous, pour le meilleur ! Le Soleil en Taureau et Mercure protègeront vos finances. Uranus invitera la chance réelle et concrète au quotidien dans votre vie. Vénus, Neptune et Saturne vous placeront directement à la place centrale, sous la plus grande lumière, mettant à votre portée l'abondance à titre personnel, comme vis-à-vis des autres. Vous brillerez comme jamais ! Il y aura des déblocages, des récoltes. Ce sera une véritable prise de pouvoir ! Vous bénéficierez d'une sorte de prise de conscience radicale qui va vous pousser hors de votre zone de confort. Vous aurez justement envie de vous battre pour que votre vie soit plus riche. Dans le même temps, vous serez fait de douceur, de patience et de bienveillance. Vous serez à l'écoute de ceux qui auront besoin de vos paroles, de vos conseils, de votre présence. Vous organiserez minutieusement chaque chose à votre portée. Votre créativité débordante fera feu de tous bois. Vous ne laisserez échapper aucune opportunité qui vous intéressera. Jupiter et Pluton en bel aspect dynamiseront la communication et élargiront ingénieusement le champs de vos contacts. Des projets nouveaux très ambitieux prendront place. Ce sera une période particulièrement faste et fructueuse. L'Univers vous fera passer des messages précis et vous les décrypterez. Mars en Lion sublimera vos amours ! Vous vous sentirez libre d'agir. Les émotions éclairciront votre position affective. Un nouveau départ sera amorcé ou vous équilibrerez une situation existante et vous la ferez rebondir. Vous passerez à l'action et vous sentirez poussé à agir sans culpabilité. Il y aura de bonnes surprises ! Vous découvrirez des situations que vous ne pensiez jamais voir arriver !

JUIN

Glow up ! Beaucoup de mouvement en perspective grâce au Soleil en Gémeaux !

Rééquilibrage dans la façon de gérer vos relations ou vos anciennes blessures ! Il y aura un coup de baguette magique bénéfique pour vous, là-haut, dans les étoiles ! Saturne et Neptune restructureront ce qui pouvait vous empêcher d'évoluer et dont vous n'aviez encore jamais vraiment pris conscience. Vous saurez désormais comment gérer votre nature impétueuse de Bélier. Et, au fond de vous, une certitude vous incitera à miser sur cette nouvelle façon d'appréhender les évènements et les êtres. Vous vous sentirez complet avec vous-même ! Vous atteindrez ainsi un niveau de connaissance de vous-même qui vous permettra désormais de laisser entrer dans votre vie des personnes, des situations, des émotions, qui seront en harmonie avec vous. Il y aura enfin un véritable équilibre dans vos relations : associations, partenariats, prolifiques ! Les meilleures conjonctures astrales vont s'organiser dans ce but, à votre avantage. Votre maître planétaire, Mars, en Lion, dynamisera et embellira votre vie amoureuse. Quand il passera en Vierge, il fortifiera alors le terrain professionnel. Votre état vibratoire sera à la hausse ! Vous ne cherchez plus à l'extérieur de vous ce qui pourrait vous combler ! Vous vous recentrerez sur vous en sachant utiliser vos potentiels. Ainsi, vous pourrez avancer dans tous les domaines, vous gravirez les échelons, entamerez un projet, parce que les points de repère erronés auront été recentrés à la bonne place. Ce sera un passage exceptionnel ! Vénus en Taureau aiguisera votre besoin de « posséder ». Sur le plan amoureux, vous risquerez de devenir très exclusif, très possessif ! A vous de contrôler ! De plus, Mercure et Jupiter en Cancer, vous inviteront à prêter une attention toute particulière aux besoins des membres de votre foyer. Vous pourrez alors prévenir des évènements contrariants potentiels en dénouant très vite les situations à risque. Sachez, que grâce à votre honnêteté envers vous-même et parce que vous aurez profondément changé, un éveil va complètement métamorphoser le cours de votre destin. Un cycle karmique s'interrompra ici, les schémas répétitifs seront éradiqués. L'Univers vous aidera à aller vers votre bonheur et précipitera les choses vers le meilleur, soit : richesse morale, émotionnelle, financière ! Votre vie changera de façon grandiose. Vous vous surpasserez. Tout ce qui pouvait vous paraitre incroyable, sera à votre portée. Il y aura des joies et des célébrations, un plein épanouissement émotionnel partagé. Le foyer, l'entourage, les relations amicales, le partenaire, chacun saura « remplir sa coupe » par lui-même, car ils viendront tous pour partager avec vous, et non pour profiter de vous. Il faudra avancer et croire en vous. Un vent nouveau soufflera ! Ne retenez rien de ce qui sera ancien !

JUILLET

Explosion de cœur ! Grand tournant dans votre vie ! Le Soleil et Jupiter en Cancer, tout au long du mois, vous influenceront pour veiller à préserver un confortable équilibre au sein de votre foyer. Car il y aura des évènements nouveaux perturbateurs. Vous saurez éviter les conflits. Vous réfléchirez avant de vous décider ou de parler. Vous serez prudent, vous sortirez des tensions car vous n'aurez pas du tout l'esprit à supporter des pressions, des reproches. Vous aurez besoin de paix, d'indépendance, pour vous libérer, pour vous rapprocher d'un nouveau projet ou d'une nouvelle personne. Vous partirez à la conquête de quelque chose de passionnant qui vous accaparera complètement et qui vous épanouira parfaitement. Vous ne pourrez pas vous éloigner de ce nouvel objectif. Une belle alchimie se développera et s'imposera à vous ! Et vous vous y adonnerez de toute votre sincérité. Mercure en Lion et en bel aspect à votre signe facilitera la communication, la verbalisation. Il y aura des discussions intenses, des échanges sincères et sans masque, à cœur ouvert. Mars, votre planète, en Vierge, vous inspirera une force et un élan puissant. Rien ne pourra vous arrêter. Vous avancerez dans la maitrise. Vous gèrerez toutes les choses importantes de votre vie sans problèmes car vous saurez clairement ce que vous voudrez obtenir. Vous triompherez finalement, vous ne passerez pas à coté de vos attentes, plus facilement que vous ne l'imaginiez. Pour cela, vous serez capable d'efforts soutenus, vous serez focus, concentré, centré, déterminé, imperturbable. Vous effectuerez des démarches nécessaires pour progresser. On pourra vous prêter main forte. Saturne et Neptune chez vous, vous éclaireront minutieusement pour structurer et synchroniser tous les plans de votre vie. Vous serez patient et lucide, tout à fait prêt à accueillir vos ressentis, vos émotions, vos besoins, vos changements internes les plus inattendus. Vous prendrez soin de vous et vous vous accorderez toutes les autorisations pour œuvrer pour votre bien-être, votre renaissance. Vous ferez de vos besoins votre priorité. Vous ferez tout ce qui vous sera utile pour vous sentir bien dans votre peau. Vous vous ferez ce cadeau ! Vous prendrez des décisions qui amèneront votre apaisement, votre détente. Après le 20, votre créativité, votre inspiration seront décuplées. Des présences amies seront particulièrement réconfortantes et bonnes conseillères. Personne ne pompera votre énergie, vous saurez faire le ménage dans votre entourage. Vous penserez à vous au maximum, et vous canaliserez vos énergies dans le sens exclusif de vos intérêts.

AOUT

Un mois d'Amour et de feu ! Le Soleil en Lion et Mercure (qui redeviendra direct le 11) renforceront votre secteur amoureux, créatif, relationnel, familial ! Vous serez une délicieuse compagnie et vous serez recherché par tous ! Vous trouverez tout spécialement chaussure à votre pied en matière amoureuse ! Les énergies tourneront à vive allure, les situations, les surprises s'enchaineront sans vous dérouter et votre charisme sera réactif et infaillible ! Vous plairez comme vous respirerez et vous pourrez séduire qui saura captiver votre attention. Vous passerez un été brulant, romantique à souhait, qui laissera à coup sur derrière vous des souvenirs impérissables. Vous découvrirez des émotions bouleversantes et des situations impromptues dignes des plus belles pages de la littérature amoureuse. Vous écouterez votre cœur et votre passion ! Sans frein, sans limite, sans regret ! Saturne et Neptune feront tomber les frontières de la raison et ouvriront une voie privilégiée à vos idéaux, même les plus secrets. Votre vrai vous sortira de sa gangue ! Uranus en Gémeaux dopera vos neurones, votre réflexion, votre génie ! Vous allez surprendre avec des idées totalement nouvelles et ébouriffantes, que vous ne craindrez pas de mettre en pratique au fil de votre imagination particulièrement féconde. Jupiter et Vénus protègeront vos valeurs familiales, votre cocon, votre stabilité matérielle, votre monde intime, personnel, privé. Vous favoriserez votre confort, votre bien-être, physique ou moral, vous améliorerez spécialement vos conditions de vie et votre environnement. Mars, votre planète, vous donnera la force suffisante pour accomplir, d'un seul souffle, des prodiges ! Pendant les dix derniers jours du mois, vous vous sentirez fort d'un mental neuf, prêt à affronter la rentrée, avec une multitude de projets en tête et de très bonnes nouvelles intentions. Vous piafferez d'impatience avec une puissante confiance en vous et une envie de tout faire, de tout voir, de tout contrôler que rien ni personne ne pourra plus vous enlever. N'oubliez pas de remercier l'Univers !

SEPTEMBRE

Vous voilà pétri des meilleures intentions pour entrer de toute votre pleine conscience dans la période la plus studieuse de votre année 2025 ! Ce sera pour vous une piste de décollage ! Vous prendrez ici votre élan pour atteindre des sommets encore jamais ascensionnés. Vous serez complètement à l'écoute de votre ressenti, de vos intuitions, de vos valeurs. Et vous constaterez vite à quel point vous aurez raison ! En effet, des énergies flambant neuves vous donneront un moral d'acier. Le Soleil et Mercure en Vierge, vous attribueront toutes les qualités de minutie, de responsabilité, de loyauté, de créativité du signe. Vous serez focus sur vos objectifs et parfaitement déterminé à les atteindre de la meilleure manière possible. Vous y investirez toutes vos potentialités. Mars, votre planète, face à vous, électrisera votre vie privée avec des circonstances compliquées, matérielles ou financières, qui pourraient tenter de dissiper votre concentration. Cependant, vous ferez preuve de contrôle et de sérénité, et vous ne vous laisserez pas détourner du principal. Vous trouverez des solutions efficaces à chaque problématique. Puis Mars passera en Scorpion le 22 et vous transfusera alors une tout autre énergie, confortable et utile en toutes circonstances : votre aura deviendra spécialement attractive et magnétique ! On ne pourra pas détacher son attention de votre personne, de vos actions, de votre audace ! De plus, vous déchargerez un puissant dynamisme, contagieux à souhait, qui attirera les foules et les émules autour de vous. Vous reprendrez votre souffle au sein de votre foyer où vous aurez rétabli l'équilibre qui vous conviendra grâce au concours indéfectible de Saturne et Jupiter. Vous serez médiatisé, ovationné, reconnu, apprécié ! Ce sera un moment idéal pour oser, pour prendre de l'avance, pour monter des échelons sociaux, pour tenter une action audacieuse, car on ne pourra rien vous refuser ! Il y a des moments pour agir ! Ce mois de septembre vous en fera une triomphale démonstration ! Action !

OCTOBRE
La fin d'une situation, une harmonie prendra place. Vous vous sentirez prêt, vous

irez vers le positif, vous ferez attention à vos besoins réels, et vous serez particulièrement déterminé à en tenir compte. Quelque chose, qui aura pris du temps, qui ne dépendait pas de vous, mais d'autrui, sera enfin possible. Vous pourrez bouger, voyager, induire et construire, un gros changement avant tout passionnel. Choix du cœur, pour vous satisfaire ! Vous vous accrocherez à quelque chose qui va vous faire le plus grand bien ! Vous aurez l'intime conviction que vous réussirez et vous réussirez ! Le Soleil et Mercure en Balance illumineront votre vie amoureuse ou conjugale. Vous trouverez un nouvel équilibre, un nouveau départ, qui tiendra essentiellement compte de votre béatitude amoureuse, affective, charnelle, émotionnelle. Vous serez vous-même ! Une situation inattendue arrivera aussi sur le plan professionnel. Une belle surprise ! Vous vous mettrez précieusement à l'abri financièrement. Votre planète, Mars, en Scorpion, vous inspirera des décisions importantes qui transformeront vos anciens repères dans le bon sens. Vous prendrez des décisions inspirées radicales. Quelqu'un aura un immense pouvoir de bon conseil pour vous. Il y aura un engagement, une signature et ainsi, vous clôturerez, vous libèrerez, une partie entière et obsolète de votre vie professionnelle. Vous recommencerez sur des bases nouvelles qui vous conviendront tout à fait tout en réactivant vos possibilités. Expansion, transformation ! Neptune chez vous, rétrograde, vous inspirera de remanier des aspects d'un concept, d'une idée. Mises à jour ! Vous vous sentirez guidé. Tout sera juste ! Vous vous dirigerez vers des personnes de confiance, vous consoliderez vos positions, vous vous mettrez à l'abri des embûches en respectant ce que vous êtes profondément. Uranus et Pluton protègeront et dynamiseront votre cercle amical, vos contacts, vos réseaux. L'Amour, votre passion, sera le mur porteur innovant et inspirant de ce mois d'Octobre 2025 ! Vous embellirez à vue d'œil ! Vous vous battrez pour vos rêves ! Vous serez heureux ! Et vous en aurez pleine conscience.

NOVEMBRE

Vous recevrez des nouvelles d'une personne avec qui vous aviez eu un éloignement. Le Soleil, Mars et Mercure en Scorpion faciliteront la verbalisation, cee qui vous permettra de solutionner une situation et de tourner définitivement une nouvelle page dans le bon sens. Cette communication vous permettra de ne plus avoir à réfléchir, vous aurez vos réponses, vos certitudes, comme un cadeau. La discussion éclaircira ainsi radicalement votre situation. Vous vous sentirez totalement libéré, vous aurez le sentiment de clôturer et de fêter quelque chose. Ce ne sera pas facile, mais compliqué, mais vous constaterez avec satisfaction que vous avez bien fait de ne pas vous décourager. Vous vous sentirez en possession de tous les outils nécessaires pour avancer. Vous élaborerez discrètement vos nouveaux plans, sans aucune précipitation. Jupiter, Saturne et Neptune vous permettront d'avoir une vision calme et cartésienne des problématiques à résoudre, ainsi rien ne vous paraitra insurmontable. De ce fait, vous trouverez méthodiquement toutes les réponses et les éclaircissements nécessaires. Vous jouirez du soutien d'un environnement amical solide et sincère. Pluton va vous donner les moyens de mettre en place un projet professionnel ou matériel en attente. Les évènements se révèleront spontanément, se placeront à votre portée, vous trouverez les personnes et les accords générateurs d'évolution. Vous aurez du courage ! Une indéfectible intention ! Mars, cimentera votre stabilité et votre sensation de puissance. Avec raison, vous serez très avare de confidences, vous œuvrerez méthodiquement en silence ou en très petit comité. Vous vous sentirez totalement tranquillisé. Vous aurez une aide financière. Aussi, ce sera le moment de faire un prêt, demander une augmentation, tenter un investissement ou une négociation. Les réponses à ces actions vous donneront satisfaction et apaisement. Sur le plan amoureux, les murs porteurs de votre histoire seront indestructibles. Vous consoliderez les liens amoureux en toute franchise et vous pourrez aller jusqu'où vous espèrerez aller. Quand le Soleil passera en Sagittaire, et installera en vous une confiance et une sérénité absolues. Vous gagnerez toutes vos batailles !

DECEMBRE

Vous voudrez du changement et ce sera le moment d'y aller ! Si vous y croyez, ce sera le meilleur moment d'agir ! Plus de faux semblants, vous éradiquerez les situations compliquées. Voilà de la nouveauté potentielle qui vous sera accessible, il faudra vouloir, agir et changer de chapitre, tourner une page, en pleine conscience ! Et derrière, il y aura la renaissance ! Tous les domaines de votre vie seront concernés, selon vos besoins, vos désirs. Vous allez souffler et vous libérer là où vous en aurez le plus besoin. Votre idéal se placera à votre portée en cette fin d'année, vous aurez impérativement envie de quelque chose de sincère, d'authentique, de vrai, chargé de sens, et vous attirerez à vous des personnes et des situations en écho à ces vibrations. Vous déciderez quand et comment bouger ! Vous ferez tout ce qu'il faut, proportionnellement à ce que vous espérerez, et vous vous lancerez avec toute votre passion, votre certitude. Le Soleil, Mars et Vénus en Sagittaire vous donneront en particulier toutes les opportunités nécessaires en matière professionnelle. Ce sera gratifiant !

En effet, ce sera une véritable chance de repartir sur quelque chose de totalement neuf et réjouissant. Donnez-vous tous les moyens et toutes les autorisations car ce sera un véritable tournant. Vous n'hésiterez pas à sortir de votre zone de confort, vous aurez tout à y gagner. La chance vous permettra de vous dépasser. Pluton consolidera vos perspectives, vos projets, vos intentions. Vous oserez comme jamais ! De plus, votre cercle amical sera un véritable réconfort, un filet de sécurité, une source d'informations et de conseils. Des opportunités, des rencontres, sur la deuxième moitié du mois, apporteront leur lot de potentialités tout à fait providentielles, quelles que seront vos attentes et vos demandes ! Vous neutraliserez les tensions au sein de votre clan familial en faisant tout votre possible pour maintenir une atmosphère bienveillante et chaleureuse en cette période de fêtes. Vous contrôlerez vos émotions, vos réactions, votre impatience. Quand le Soleil entrera Capricorne où il rejoindra Mars et Vénus, quelques tensions professionnelles pourront alors surgir. Mais cela ne jouera pas contre vous, car vous prendrez ces défis avec confiance et vous trouverez les moyens de les gérer.

Excellentes et Heureuses Fêtes de fin d'Année ! Que 2025 vous soit bienheureuse et propice !

TAUREAU 2025

JANVIER

Les forces vous arriveront du Capricorne. Le soleil jusqu'au 19 puis Mercure du 8 au 28, vous facilitent la vie. De plus, après le 6, Mars en Cancer soutient toutes vos initiatives. Après le 20, on essaiera de vous déstabiliser professionnellement mais vous serez suffisamment diplomate et patient pour retourner la situation en votre faveur. Jupiter protègera vos finances tandis que Saturne et Neptune en Poissons dirigent sur vous des aides providentielles. Dès le début de cette nouvelle année, vous saurez mettre tout le monde d'accord. Vous obtiendrez la vérité de quelqu'un, ou peut être direz vous la vérité. Vous aurez quelque chose à verbaliser. Vous allez ainsi dénouer les problèmes et transformer les situations et les gens. Vous serez dans ce besoin de clarté, de compréhension et c'est ce qui vous permettra d'avancer valablement. Sur le plan amoureux, il en sera de même, car vous formulerez la réalité de vos émotions. Vous débloquerez ainsi une situation, ou vous vous avouerez à vous-même ce dont vous avez réellement besoin. Dès lors que vous déciderez à être dans l'authenticité et la gratitude absolues, vous débloquerez toutes les portes. Vos proches vous soutiendront, à partir du moment où vous officialiserez votre réalité. Vous avancerez sans peur et prendrez les décisions que vous voulez. Et vous récolterez le Meilleur. Vous vous sentirez bien dans votre monde, car vous ménagerez vos énergies, vos désirs, vos besoins. On constatera que vous embellissez. Vous grandissez, vous évoluez dans un climat de complétude. Vous ferez preuve de clairvoyance et vous saurez prendre du recul chaque fois que vous aurez besoin de comprendre quelque chose. Vous serez centré et concentré sur vous, bien ancré dans vos ressentis. Vous savez ce que vous méritez et personne ne pourra vous leurrer. Plus vous vous écouterez, plus vous avancerez.

FEVRIER

Vous êtes sur un nouveau départ ! On tentera de se rapprocher de vous parce que vous serez en pleine ascension. Vous allez vous investir à fond dans le travail et il faudra bien vous écouter. Ne vous laissez surtout pas détourner de vos objectifs. Vous serez dans des énergies de bien être, tout à fait capable de faire face à des résistances extérieures. Faites preuve d'audace et vous allez régner ! Jusqu'au 18, vous ne limiterez pas vos efforts. Vous serez parfaitement diplomate et réactif. Mars boostera votre secteur relationnel, et Vénus, votre planète, vous donnera tous les talents pour vous exprimer. Uranus stimulera vos besoins de liberté ou de changement radical. Vous imposerez vos choix. Dès le 4, Jupiter, dans votre secteur de l'argent, vous fait bénéficier d'avantages financiers solides. Vous allez récolter tout ce que vous avez précédemment semé. Vous serez clairement sur un nouveau départ. Tous vos efforts vous ont mené sur ce nouveau chemin que voilà. Gardez la foi et la certitude de mériter le meilleur, croyez en votre bonne étoile, et plus vous y croirez, plus vous provoquerez des coups de chance incroyables ! Vous aurez les capacités d'attirer à vous tout ce que vous souhaitez dans votre vie. De belles et rares bénédictions arrivent ! Vous serez débordé par un planning surchargé. Tout vous arrivera assez rapidement et les choses vont s'améliorer. Vous pourrez défendre vos valeurs et vos convictions. Vous analyserez minutieusement chaque étape avant de la franchir. Et vous récolterez ! Sur le plan familial, une belle possibilité se présente, un achat, un investissement, qui sera salutaire. Vous avancerez de gros projets. Echanges enrichissants avec un ami de bon conseil. Vous soutiendrez une personne de votre entourage. Vous serez prudent et vous ne baisserez les bras à aucun moment. Le calme règnera dans vos pensées et vous contrôlerez aisément ce passage ambitieux.

MARS

Uranus vous métamorphose, vous formate, vous transforme et votre créativité bouillonne. Le Soleil, Saturne et Neptune en Poissons multiplieront les contacts, vos idées surprendront et plairont beaucoup à vos interlocuteurs. Sur de votre riche expérience, vous saurez d'instinct comment piloter vos actions et vos démarches. Vous aimerez réfléchir et travailler en solo, dans un premier temps. Mercure fluidifiera vos pensées et vous aurez ainsi une vision claire de tout ce que vous voudrez accomplir. Vous vous sentirez intérieurement fort et maître de vos potentiels. Mars vous douera d'un moral en béton armé. Rien ne vous inquiètera, rien ne vous impressionnera, vous serez déterminé à ne regarder que les points lumineux qui vous guideront. Quand, à partir du 20, le Soleil entrera en Belier pour y retrouver Mercure et Vénus, il faudra décider de vous centrer sur vous. Vous allez mettre en échec un personnage toxique ou de mauvais conseils. Vous prendrez une distance salutaire par rapport à des amis, des membres de votre famille, car vous vous protègerez des relations inutiles ou fausses. Ce sera un véritable carrefour dans votre vie. N'ayez aucun doute, n'ayez pas peur, les choses vous arriveront pour un nouveau départ ! Une signature importante va transformer votre monde. Il y aura de la joie et vous bénéficierez d'une protection venue d'En-haut. Des rencontres lumineuses arriveront, dans tous les secteurs de votre vie. Vous aurez de la clarté sur chaque chose. Vous vous libèrerez définitivement des freins et des entraves. Vous sentirez l'énergie monter en vous au rythme d'un galop de cheval. Jupiter favorisera le plan financier et vos revenus augmenteront. Vous avancerez ! Un changement bénéfique notoire s'impose par la volonté formelle de Pluton !

AVRIL

Une véritable guérison ! Vous avez été freiné ? Les obstacles seront levés ! Un feu brulera en vous, vous croirez en vous et garderez le cap ! Vous persévèrerez, sans aucun doute, aucune confusion. Quelque chose de stable, positif et de sécurisant commencera, qui vous donnera envie de vous investir pleinement d'ici la fin de ce mois. Un bon remède s'imposera, ou une nouvelle page à fêter, ou le début d'une histoire. Vous trouverez l'équilibre parfait ! Vous tirez un trait sur une étape lente ou insatisfaisante qui commençait à vous démotiver. Les planètes en Bélier, le Soleil et Neptune, vous inspireront le besoin de réfléchir, de prendre du recul, de vous recentrer pour vous préparer à partir sur du renouveau. Uranus chez vous,

vous dictera le changement et mettra toutes les chances et les inspirations de votre coté. Vous aurez le sentiment d'être aligné avec vous-même. Le 19, le Soleil entrera dans votre signe, vous serez sous les spots lights ! Pluton en Verseau renchérira dans cet élan incontournable de changement. Vous ne résisterez pas à ce besoin intense de bouleversement imminent. Vous serez têtu et volontaire, solide, dans vos positions. Vous attirerez des événements nouveaux qui vous permettront de transformer radicalement quelque chose qui vous paraissait désormais désynchronisé avec vos désirs et votre réalité. Vous aurez le besoin formel de vous exprimer. Beaucoup de lucidité et de perspicacité ! Mercure et Vénus en Poissons faciliteront vos relations amoureuses et amicales. Vous jouirez d'une énergie surpuissante, vous pourrez ainsi tout assumer dans tous les domaines. Il y aura un grand soulagement, avec le temps et la patience, la roue tournera en votre faveur. Vous consoliderez, vous réparerez, vous y verrez vraiment clair, vous comprendrez toutes les choses qui pouvaient vous échapper jusque-là, vous vous sentirez protégé et chanceux tout au long du mois.

MAI

Oyé, Oyé ! Sonnez trompettes de la Renommée ! La chance arrive sur votre chemin ! Quelque chose se dirigera vers vous, ou quelqu'un, et vous trouverez une stabilité, une abondance, dans cette magnifique connexion. Et qu'importeront les défis, car vous les relèverez tous ! Décidez juste d'être patient, pour réfléchir ! Mercure du 1er au 10, Saturne dès le 25, Vénus et Neptune tout le mois, Mars en Lion, renforceront de concert votre dynamisme avec une fougue surpuissante qu'il faudra absolument savoir contrôler. Entretenez méthodiquement votre flegme, votre confiance en vous. Mercure chez vous du 11 au 26 facilitera vos capacités d'élocution et de communication. Jupiter soutiendra vos finances. Pluton imposera les meilleures modifications professionnelles possibles. Vous allez manœuvrer en souplesse et récolter tout ce qui vous sera dû ! La grande victoire de ce printemps 2025 vous arrivera par la voie du cœur ! Aussi, écoutez vos ressentis ! Si vous aviez besoin de quelqu'un d'authentique, l'Univers vous enverra un Soleil ! Une personne très douce, attentionnée, protectrice et dévouée envers vous, et le nouveau départ s'installera immanquablement pour vous. Une histoire passionnelle ! Même si au début, cette histoire se fera volontairement discrète. Vous trouverez votre bien être et votre réel équilibre. Une chose vous contrariera cependant : auriez-vous peur de l'engagement ? il faudra vous adapter ! Pourtant, vous récolterez ce que vous avez semé autour de vous : une immense et authentique gentillesse. Cette personne vous aidera à trouver ce qui sera fait pour vous. Il y aura beaucoup de discussions à venir. Ce sera un véritable cadeau, vous ferez des projets ! Cet amour vous plaira énormément, énergétiquement, physiquement, psychologiquement, spirituellement ! Vous serez conquis et bouleversé ! Coup de foudre ! Le Soleil dans votre signe jusqu'au 20, épaulé par Uranus, glorifiera votre magnétisme, votre aura, vos désirs, votre faim d'exister. Vous serez heureux à votre guise ! Acceptez cette bénédiction de l'Univers et surtout, remerciez-le !

JUIN

Mercure et Jupiter en Gémeaux

insuffleront une forte évolution à votre vie financière. Bonnes nouvelles, informations providentielles, envie de thésauriser, seront présentes. La communication s'intensifiera quand les planètes, dont Uranus, passeront en Cancer. Des choses compliquées pourront être débloquées ou reconstruites. On vous sollicitera, on aura besoin de vous, on pensera à vous et on vous le formulera. Vous plairez et vous saurez vous mettre en valeur. Vous vous focaliserez sur vous, sur ce qui vous fera vous sentir bien. Vénus accaparera votre esprit avec des situations amoureuses intenses. Mars en Lion risquera, dans un premier temps, d'électriser le climat familial en semant des discordes. Tâchez de ne pas entretenir les ambiguïtés et les quiproquos. Agissez pour amortir les tensions. Puis, Mars passera en Vierge le 17 et consolidera sérieusement vos fondations amoureuses. Emotions fortes ! Vous serez alors en position de faire des projets viables et épanouissants. Si vous voulez améliorer votre vie dans tous les domaines, vous devrez travailler sur vos pensées et vos paroles quotidiennes. Programmez-vous en pleine conscience. Vous dresserez vous-même vos barrières, sans peur de vous tromper. Vous serez avisé. Pluton, lui, vous conseillera clairement de vous tenir à l'écart des personnes rigoureuses et étroites d'esprit sur le plan professionnel. Evitez systématiquement les discussions, les affrontements inutiles. Ne vous dispersez pas. Recentrez-vous sur vos qualités, continuez à vous faire plaisir et tous vos projets seront en bonne voie de concrétisation. Vous récolterez une belle évolution personnelle qui représentait pour vous un rêve absolu. Vous aurez beaucoup de choses à gérer, mais vous ne vous perdrez pas dans les multiples possibilités de réalisation potentielles. Vous fournirez tous les efforts nécessaires. Vous serez confiant et vous aurez l'esprit très clair. Vous serez bourré de bon sens. Vous pourrez vous fier à votre instinct. Vous établirez ainsi des plans, vous ferez les choses dans l'ordre, vous vous organiserez avec précision. Les portes vous seront grandes ouvertes et vous pourrez vous projeter concrètement. Ce que vous laisserez derrière vous ne vous causera aucun regret. Vous aurez le sentiment d'être sur votre chemin, très indépendant, vous mènerez votre vie tambour battant. Quelque chose d'authentique et de juste vous mènera. Vous ferez nettement le tri entre ce que vous voudrez et ce que vous ne voudrez plus, et il y aura le succès à la clé. Vous aurez raison de ne rien lâcher !

JUILLET

Ce sera à vous de prendre les choses en mains, d'organiser, de décider, pour vous ! Vous aurez le contrôle sur la personne que vous êtes, sans avoir jamais à vous priver de ce qui vous tiendra réellement à cœur ! Vous éviterez tout déséquilibre. Le Soleil et Jupiter en Cancer vous inciteront à vous centrer principalement sur vous, à prendre soins de vous et de vos besoins tout au long de ce mois d'été. Vous vous accorderez des moments de détente salutaires, de repos, d'échanges chaleureux avec des amis. Vous ferez le plein d'énergies saines. On pourra aussi compter sur vous, car vous répondrez présent aux demandes de vos proches. Vous serez bourré de bonne volonté et de désirs. Vous afficherez une mine réjouie et lumineuse qui vous attirera bien des sympathies et des rencontres. Vous aborderez la vie sans appréhension, naturellement, avec votre légendaire bon sens. Vous déciderez aussi de mettre volontairement fin à des attentes, vous lâcherez prise, pour vous débarrasser de choses anciennes encombrantes, pour ne plus gaspiller de temps en vain, pour choisir la joie. Ceci au sens propre, comme au figuré. Vous vous donnerez le droit légitime de vous sentir libre d'agir, d'être, à votre convenance. Dans le travail, Mars en Vierge, vous inspirera l'art de tout accomplir avec une précision minutieuse et parfaite. Vous serez efficace, naturellement responsable, en évitant systématiquement de vous éloigner du principal, toujours dans l'objectif de privilégier le bon accomplissement de la tâche qui vous incombera. Vous agirez mécaniquement avec savoir-faire et conscience. Les résultats seront abondants et positifs. La communication sera claire. Les énergies seront fluides. Mercure, en Lion, rétrogradera après le 18. Aussi, aurez-vous tout le temps nécessaire pour mettre en place les éléments importants et principaux pour protéger la bonne progression de votre programme. Après, vous ne vous étonnerez pas des petits contre-temps habituels occasionnés par Mercure en rétrogradation. De toutes façons, vous aurez « calé » l'essentiel pour ne pas être pris au dépourvu. Les émotions amoureuses seront intenses, peut-être trop ! Vous en prendrez votre parti, vous vous raisonnerez et vous éviterez ainsi de ne pas sombrer dans un spleen trop anxiogène. Vous réussirez à mener votre barque dans la meilleure direction, quel que ce soit le domaine qui vous importera le plus. Vous saurez vaillamment vous protéger ! Vous garderez le contrôle sur chaque chose et votre évolution sera finalement très satisfaisante quand vous ferez un bilan global, en fin de mois.

AOUT

Des obstacles ? Ça ne vous impressionnera pas ! Du changement inattendu ? Ça vous plaira ! Des surprises et des cadeaux ? Vous ne vous laisserez pas désarçonner ! Vous suivrez le rythme décousu et chaotique mais ô combien gratifiant ! Le Soleil et Mercure en Lion, créeront d'abord des tensions chez vous, au sein même de votre clan. Des désaccords, des jalousies, des reproches, un rejet, un manque d'implication... Fragilité, instabilité. Vous serez déçu !On pourra aussi vous peiner. Vous pourriez prendre alors un peu de distance, car vous n'arriverez pas à échanger de façon satisfaisante. Vous choisirez d'attendre, de gagner du temps. Après le 11, les discussions seront moins tendues, moins impératives, moins contrariantes. Concrétisation ! Vous réparerez les dégâts, quelle que soit la situation, pour permettre un recommencement équilibré viable. Pluton renforcera ensuite votre ambition professionnelle. Des opportunités incroyables surgiront ! Il vous faudra décider, vous investir, improviser, pour saisir une véritable chance. Vous sortirez ainsi du virtuel, grâce à votre réactivité, votre présence d'esprit, votre intuition, votre rapidité à choisir, à décider, à savoir, à sentir, sans tergiverser. Et vous concrétiserez, malgré certaines résistances ! Vous ferez implacablement face, avec un flegme imperturbable, fort de vos intentions formelles ! Sur le plan affectif, Mars vous fera la surprise de vous aider à concrétiser une magnifique histoire d'amour. Quelqu'un pourra changer votre vie ! Vous serez également particulièrement inspiré si vous êtes un créateur, un artiste. Une vague émotionnelle puissante va vous porter très haut et très loin en avant ! Saturne et Neptune décupleront votre sensibilité et votre réceptivité. Ce sera un passage exceptionnel, incontournable, qui vous fera grandir ! Vous serez guidé ! Vous capterez d'exceptionnelles informations qui vous viendront d'En-Haut ! Vous suivrez passionnément le mouvement qui sera inattendu, bouleversant et intense. Vous ne tiendrez pas compte des conseils que l'on tentera de vous donner. Et vous vous en féliciterez ! Oeuvrez en solitaire, avec discrétion, car ces retournements de situation particulièrement favorables ne manqueront pas d'attiser les mauvais regards environnants. Ne vous confiez pas ! Fiez-vous à votre cœur ! Vous irez de l'avant, vous bougerez pour le Meilleur !

SEPTEMBRE

Vous avez appris à vous connaître, il sera alors temps de passer à l'action ! Quelque chose en vous vous donnera clairement la certitude que vous serez prêt. Vous avez fait un gros nettoyage en vous, et autour de vous, dans tous les domaines de votre vie. Ce sera à vous, maintenant et vous entrerez en scène ! Vous ferez un choix, et ça paiera ! Vous verrez loin avec une précision déconcertante. Une sorte de miracle va advenir ! Pour cela, vous allez collaborer avec des personnes d'excellence, avec qui vous aurez des contacts et des connexions providentielles, vous serez parfaitement authentique, volontaire, pétri de certitudes. Du reste, vous n'avez jamais cessé d'espérer, de visualiser, de vous préparer, à l'intérieur de vous, et vous atteindrez votre objectif, la bonne personne ou le travail de vos rêves, ou même les deux. Il y aura le partage, la co-création ! Vous vous sentirez aidé, compris, soutenu, suivi. Vous vous êtes construit seul ! Avec la même intuition, vous sentirez qu'une porte magistrale s'ouvrira et vous vous sentirez solide comme un roc pour en franchir le seuil tant convoité. Tout arrivera, affluera vers vous. Parce que ce sera le moment, l'exceptionnel moment ! Cohérence ! Le Soleil et Mercure en Vierge déverseront généreusement, les meilleures augures, les plus rares potentiels, sur votre sphère amoureuse. Cependant, vous devrez dire ce que vous voudrez vraiment ! Vous devrez verbaliser ! Vous vous sentirez à votree place, vous donnerez de vous, sans compter, sans faille, sans manque, sans résistance. Vénus en Lion au carré de votre signe, distillera ses plus douces bénédictions dans toutes vos relations. Puis, Vénus en Vierge sublimera votre quotidien, votre confort, votre bien-être, vos finances, votre santé. Mars dopera votre énergie professionnelle, rien ne vous freinera, ne vous dérangera. Vous survolerez littéralement les obstacles. Vous serez juste performant ! Vous serez centré et focus sur vos cibles, rien d'autre n'aura d'importance. Vos partenaires, associés, amis, fidèles, loyaux, aidants, sauront qu'ils pourront compter sur vous en retour. Vous serez en pleine expansion et toutes les modifications radicales nécessaires à votre évolution s'imposeront. Vous allez vivre des minutes triomphales bouleversantes !

OCTOBRE

Le Soleil en Balance facilitera votre quotidien avec grâce, élégance et sérénité. Les évènements vont se présenter, se succéder et s'affirmer rapidement. Vous ne cacherez pas vos intentions, vos attentes. Vous saurez avec précision ce que vous voudrez, vous serez déterminé et prêt à agir. Mercure facilitera les conversations utiles et constructives. Vous aurez accès à des informations, vous serez connecté aux bons interlocuteurs. Vous entamerez des démarches administratives ou officielles. Vous vous sentirez sur le bon chemin, au bon endroit.

Vous serez capable de prendre en compte les besoins de ceux qui vous entoureront et vous solliciteront. Mars activera les cadences. Il n'y aura pas de ralentissement, de détour, d'attente forcée. Les étapes se succèderont sans encombre. Vous vous améliorerez dans tous les domaines de votre vie parce que vous chercherez sans cesse à dépasser vos limites, à aller plus haut. Pour cela, vous allez acquérir de nouvelles compétences. Vous serez très sollicité, en particulier dans votre vie affective où on vous signifiera à quel point on aura besoin de votre présence, de votre soutien, de votre attention, de votre amour. Dans votre vie professionnelle, on comptera essentiellement sur vous et vous ne faillirez pas, même si l'ampleur de la tache prendra une tournure carrément excessive. Vous ne reculerez pas, et vous réaliserez ainsi des records ! Mars en bel aspect à Saturne en Poissons embellira et consolidera vos amitiés. Vous serez attractif, créatif, persuasif. Les projets se multiplieront dans votre esprit et vous vous engagerez dans de nouvelles perspectives sans tergiverser. Vénus diversifiera vos sources de détente, d'amusement. Vos amours seront passionnées et belles. Vos désirs n'auront plus de limite ! Votre vie quotidienne prendra un gout particulièrement sucré qui vous comblera de plaisirs, de joie, de fierté. Pluton au carré de votre signe provoquera des changements radicaux salutaires. Ceci dans tous les domaines de votre vie ! Et vous suivrez le mouvement avec souplesse, intelligence, bonne volonté, parce que vous serez conscient que ces transformations impromptues et multiples seront là pour votre plus grand bien. Pour le Meilleur ! Vous ferez des efforts sans compter, et vous obtiendrez des résultats flamboyants ! Vous pourrez vous féliciter des avancées impressionnantes que vous réaliserez grâce au pouvoir infaillible de vos intentions et de votre insatiable volonté.

NOVEMBRE

Vous continuerez à changer votre réalité autour de vous et en vous ! Vous ferez entrer dans le concret ce que vous voudrez voir changer. Avec la formidable force de vos intentions. Avec votre confiance en vous indestructible. Avec votre foi. Vous ne douterez pas ! Et puis, vous prendrez soin de votre monde, de votre univers, de vos repères, de vos amis, de ceux que vous aimerez. Vous y verrez clair, et la période sera propice et heureuse pour vous écouter. Ecouter votre précieuse et sachante voix intérieure. Vous savez, cette voix qui vous parle de l'intérieur, et qui a toujours réponse à tout, parce qu'elle sait… Si on sait l'écouter… Le Soleil, Mars, Mercure et Vénus en Scorpion vous donneront l'envie de bien faire chaque chose. Vous saurez parfaitement bien ce que vous ne voudrez plus ! Et il n'y aura pas à y revenir. Vous vous synchroniserez parfaitement à vos désirs, vos vœux, vos attentes. Saturne et Neptune en Poissons dynamiseront votre vie amicale et relationnelle. Il y aura des attirances, des alchimies, réciproques, indéniables ! De belles rencontres ! Il y aura des rendez-vous magiques ! Vous établirez des liens loyaux et solides, indestructibles ! Uranus reviendra chez vous, alors préparez-vous, protégez-vous, vous pourriez vous retrouver en présence de quelqu'un qui pourra chercher à profiter de vous, ou qui voudra remuer d'anciennes situations déplaisantes. Pluton règnera sur votre activité professionnelle, à raison, et soulèvera des polémiques, des questionnements, qui, s'ils sont analysés avec lucidité, vous permettront au final d'avancer et de progresser. Vous aurez de toutes façons la présence d'esprit d'éloigner les mauvais plaisants, les jaloux, les gêneurs aux mauvais regards et aux mauvais conseils. Vous serez un visionnaire hors pair ! Le Soleil et Mars en Sagittaire glorifieront votre aura ! Vous serez protégé de toute influence négative, et, cerise sur le gâteau, vous en aurez parfaitement conscience ! Rien ne vous échappera ! N'écoutez que vous, éternellement et partout !

DECEMBRE

Quel bonheur d'obtenir ! Cette fin d'année sera le cadeau final royal de cette grande année 2025 pendant laquelle vous vous êtes fixé des objectifs immenses ! Vous n'avez pas perdu votre temps ! Le Soleil, Vénus et Mars en Sagittaire travailleront à vous enrichir ! Abondance financière ! Mais aussi, ils vous rendront riche de séduction, de charme, de beauté, de charisme, de Lumière, de Vie ! Vous serez fait de sensibilité, de sensualité, d'émotion bouleversante. Uranus chez vous brisera vos chaines ! Vous vous sentirez libre et aucune limite ne vous freinera plus ! Vous voudrez désormais fonctionner à votre guise dans tous les domaines de votre vie. Vous aurez besoin de fusionner cérébralement et amoureusement ! De l'intense ou rien !

Vous n'aurez pas peur de parler d'engagement. Vous rechercherez le solide, l'indestructible, le définitif. Votre moral sera puissant. Saturne et Neptune en Poissons favoriseront les vrais échanges amicaux. Les liens seront réels, sincères, loyaux ou ne seront pas. Vous n'aurez pas de temps à perdre ! Mercure, face à vous, ouvrira et facilitera la verbalisation, la franchise, l'authenticité, l'échange. Pas de masques, pas de secrets ! Le Soleil en Capricorne stimulera votre curiosité, votre désir de savoir, d'apprendre, de découvrir, de voyager. Vous vous sentirez complet, entier, et vous vous ouvrirez à tous les possibles ! Sans limite et sans peur ! Du désir, intarissable, d'exister !

Merveilleuses Fêtes de fin d'année et très heureuse, joyeuse, abondante, et passionnante Année 2025 ! Ne tiendra qu'à vous !

GEMEAUX 2025

JANVIER

Ré-harmonisation ! Et pour ce faire, il faudra passer par la case mise au point, remise en question, bilan, poussé par le soleil en Capricorne jusqu'au 19 et Mercure du 8 au 28. Vous aurez un impérieux besoin de modifier vos repères, de les adapter à une nouvelle réalité, de nouveaux besoins. Ceci essentiellement dans les sphères professionnelles et financières. Des éléments extérieurs s'imposeront à vous et vous contraindront à vous adapter. Vaillant Gémeaux que vous êtes, vous relèverez vos manches et activerez vos neurones, et grâce à Vénus, dés le 3, et Mars, dès le 6, vous trouverez tous les moyens nécessaires pour vous rééquilibrer et vous préserver. La vie matérielle sera votre préoccupation majeure. Il vous faut savoir que Jupiter bien que rétrograde, est chez vous, et qu'il vous protège avec un paratonnerre implacable de Chance ! Vous passez !

Le climat sera grandiose et excitant. En

effet, vous allez débloquer des barrages, comme dans un jeu vidéo. Vous aurez une énergie folle, des pensées positives, et vous contrôlerez vos intentions. Vous aurez absolument confiance en ce que vous ressentirez et vous n'aurez pas peur ! On pourrait même parler « d'euphorie » qui galvanise vos potentiels. Vous sentez que vous avez un puissant pouvoir de manifestation et vous pouvez mettre en route tout ce que vous décidez de commencer. Vous activez vos supers pouvoirs ! Quelque chose change autour de vous, certes, mais aussi à l'intérieur de vous. Un évènement important fait irruption dans votre vie, vous déployez vos ailes. Abondance financière assurée ! Et vous saurez même contrôler vos envies de dépenses compulsives. C'est un passage lumineux, une aube nouvelle qui arrive sur votre vie, une célébration, une réussite, une naissance, une opportunité professionnelle exceptionnelle, une météorite se précipite sur vous et vous couvre de succès. Une période lente touche à sa fin. Aussi, ménagez vous car vous allez avoir un travail énorme. Vous percevrez très vite les premiers changements.

Ne vous impatientez pas, ne vous laissez pas embarquer trop vite par cette puissante vague d'énergie, temporisez pour durer. Un contrat mirifique sera signé. Vous prenez le large pour voguer sur des eaux turquoises et calmes. Changement de vie et votre rapport à l'argent. Le plan émotionnel suit ! Vous le sentirez arriver ! Même si vous ne verrez pas tout au premier abord ! Bénédictions de l'Univers, vous recevez des cadeaux, restez zen. Faites confiance à votre boussole intérieure !

FEVRIER

Beaucoup de combativité, vous aurez à faire un choix décisif sur la deuxième moitié du mois . Il n'y aura pas d'amélioration tant qu'il n'y aura pas de véritable dialogue. Les planètes en Verseau vous soutiendront pendant la première moitié du mois. En effet, le Soleil, Mercure et Pluton fortifieront votre confiance en vous et mettront en valeur tous vos potentiels et qualités. A partir du 4, Vénus en Bélier instaurera un climat relationnel fluide et confortable. Mars en Cancer consolidera vos revenus et votre patrimoine, ainsi le plan professionnel sera protégé et rémunérateur. Jupiter, dès le 4, fortifiera votre renommée, et vous permettra de vous étendre, d' évoluer, de grandir. Vous enracinerez vos positions régulièrement et en douceur. Saturne en Poissons, lui, génèrera des freins potentiels, mais vous agirez et réagirez, vous déciderez, et vous donnerez ainsi naissance à un revirement porteur d'une pleine réussite. Il y aura notamment un nouvel accord qui vous fera franchir des limites. Nouveauté et inspiration, vos idées se multiplieront et vous avancerez à grande vitesse. Vous aurez des visions précises de ce que les évènements vont générer. Un nouvel élan s'en vient et vous emportera, pour votre plus grand bonheur, vers des horizons prometteurs. Aucune épreuve ne vous ralentira durablement. Vous franchirez toutes sortes d'obstacles avec succès. Sur le plan amoureux, il y aura des recentrages obligatoires pour éviter les situations délicates. Vous protègerez avec conscience tout ce qui vous tient à cœur. Vous saurez faire face aux résistances, aux angoisses. N'ayez pas peur de mal faire les choses dans votre vie amoureuse. Exprimez-vous ! On peut perdre beaucoup à ne rien dire ! Vous redoutez la passion qui vous inspire des perspectives sur le long terme, et cette prise de décision vous inquiète. Vous avez peur de répéter quelque chose du passé. Il y aura de belles choses possibles si vous dépassez vos barrières mentales.

MARS

Vous irez plus loin ! Le travail sera votre préoccupation principale. Vous déciderez de mettre en place des projets, au mépris des avis contraires. Vous aurez la certitude absolue que vos ambitions ne seront pas des leurres. Vous prioriserez votre ambition et vos ressentis. Le Soleil en Poissons permettra aux processus de se décanter comme vous l'espérez. Vous aspirez à faire évoluer votre job, à vous faire connaitre et reconnaitre. Jupiter sera chez vous et il vous inspirera une solide confiance en vous. Vous serez conscient de vos potentiels, de vos capacités, et vous pourrez agir en pleine possession de vos moyens. Vous consoliderez votre équilibre. Vous prendrez les devants à votre rythme. Vous saurez surfer sur les tendances et les opportunités.

Le 20, le Soleil rejoindra Mercure et Vénus en Bélier, vous vous sentirez responsable de votre groupe, de vos collaborateurs, comme de tous ceux qui seront susceptibles de fonctionner avec vous. On comptera sur vous, vous rassurerez votre entourage. Vous nourrirez un esprit d'équipe infaillible et vous saurez stimuler vos troupes. Votre efficacité, votre intelligence, votre clairvoyance inciteront ceux qui vous observent à vous faire une totale confiance. Vous anticiperez avec justesse, vous vous recentrerez sur l'essentiel, vous ne vous éparpillerez pas. La chance sera de votre côté. Vous récolterez des retours financiers constructifs, grâce à Mars qui vous rendra tenace et volontaire. Pluton génèrera un gros changement qui vous apportera un bel équilibre et qui vous rendra profondément heureux. Sur le plan amoureux, vous vivrez des émotions puissantes. Vous serez environné d'amis sincères.

AVRIL

Vous serez en bonnes conditions pour

vous exprimer. Ce mois sera relationnel et communiquant. Vous vous sentirez satisfait et en voie de franche évolution. La relation de couple sera protégée. Vous ne vous prendrez pas la tête, vous ne vous laisserez pas bousculer. Vous adopterez une sorte de lâcher prise serein. Vous aurez des choix surs, vous verrez clairement les choses, tout se mettra en place comme une évidence. Vous ne laisserez personne influencer vos décisions.

Vous trouverez votre équilibre. Vous pourriez même aussi vous pardonner certaines choses du passé. Effectivement, les planètes en Bélier, le Soleil, Mercure et Neptune vous permettront de vibrer haut, d'écouter votre âme. Vous irez au bout des choses pour atteindre votre abondance. Vous allez découvrir de beaux échanges, enthousiasmants, constructifs, et votre cercle amical sera particulièrement protégé. Jupiter, chez vous, vous donnera la chance ! Il n'y aura pas de difficultés durables et perturbantes. Vous saurez gérer, assurer, gagner ! Pluton sublimera vos objectifs et vous fera approcher au plus près ce que vous considérerez comme votre idéal. Mars en

Cancer protègera vos intérêts financiers, vous serez déterminé à provoquer les choses, vous vous sentirez prêt, créatif, bien entouré et conseillé, et même protégé par les êtres surnaturels qui vous veulent du bien ! Vous serez un modèle pour les autres, en affichant une exceptionnelle confiance en vous ! Le secteur professionnel dynamisé par Vénus et Mercure, développera les meilleures conditions pour stabiliser tous types de relations. Ainsi, de bonnes surprises arriveront ! Quelqu'un d'important vous arrive ! Vous vous sentirez en pleine possession de votre potentiel, vous ferez évoluer les choses, vous excellerez sur le plan de la communication. Vous serez à votre place ! Vous vous renouvellerez sans cesse avec génie. Vous ferez ainsi le grand plein d'énergie.

MAI

Vous irez vers l'action, comme vous aimerez ! Vous serez connecté en pleine conscience à la personne que vous serez vraiment. Vous vous sentirez protégé, entouré, apprécié. Vous aurez autour de vous une aura de chance qui vous permettra systématiquement d'évoluer ou de retourner les situations en votre faveur. Vous travaillerez énormément, avec le cœur, la passion, l'envie. Jusqu'au 20, le Soleil en Taureau, escorté par Uranus, fera naître clairement en vous un besoin d'introspection. Vous verrez clair en vous-même. Vous allez recevoir beaucoup d'informations, par toute une série de sources rationnelles et irrationnelles. Vous ne vous expliquerez pas forcément toutes ces données, mais vous en tiendrez compte et les conserverez en mémoire. Elles vous serviront en temps et heure... Quand le Soleil arrivera chez vous le 20, où il rejoindra Jupiter, vous sentirez une nouvelle puissante énergie vous envahir. Vous serez alors en pleine possession de vos moyens physiques et intellectuels, détendu, confiant. Mercure, votre planète, qui traversera le Bélier, le Taureau et les Gémeaux, vous permettra de vous sentir adaptable et réactif dans n'importe quel type de scénario. Vous aurez le génie de la répartie, de la solution juste, de l'improvisation inspirée. Vous vous placerez à la portée de vos interlocuteurs, vous prendrez le temps de les écouter, de les conseiller. On pourra compter sur votre amitié sincère et sans faille.

Vénus et Saturne en Poissons alterneront les hauts et les bas sur le plan professionnel. Vous saurez vous en protéger et faire instinctivement des choix judicieux. Mars, bénéfique pour vous, vous transfusera tout au long de ce mois, la force, le dynamisme, le désir, la confiance en vous. Vous pourrez ainsi faire feu de tout bois et ne rien laisser perdre. Vous serez très entouré, par les gens que vous aurez choisis, parce que vous les jugerez sincères. Sur le plan affectif, une personne que vous aimerez tout particulièrement vous apportera un grand réconfort. Ce sera le moment pour vous de vous rapprocherez intensément d'une personne chère. Pour cela, vous n'hésiterez pas à laisser derrière vous ce qui vous enchainait. Vous vous permettrez de devenir réellement vous-même. Tout bougera, pour le meilleur. Vous avancerez sereinement sans perdre de temps.

JUIN

Volonté écrasante ! Vous aurez la possibilité de dire ce que vous aurez à dire. Vous aurez les yeux bien ouverts. Une nouvelle situation arrivera comme un cadeau. L'impulsion viendra toute seule, vous n'aurez pas à forcer quoi que ce soit. Vous serez équilibré, dans la prospérité. Vous écouterez vos ressentis, en parfaite cohérence avec vous-même. Et devant chaque situation, les possibilités de rebondir seront favorables. Vous serez un maître de la communication ! Le Soleil, Mercure et Jupiter, chez vous, vous donne conscience de vos capacités. Vous serez réactif et on ne pourra pas vous inciter à faire quelque chose que vous ne sentirez pas. Votre imagination, votre créativité, vos idées seront particulièrement fécondes et puissantes. Vous avez appris de votre passé et vous n'aurez peur de rien. Mars vous donne une force et une confiance en vous inébranlables, vous utiliserez vos potentiels à fond. Puis, Mars en Vierge échauffera le contexte familial, provoquant des discussions ou des tensions que vous jugulerez rapidement. Jupiter et Mercure en Cancer glorifieront votre secteur financier. Vous serez satisfait des résultats obtenus. Ce sera le moment de solliciter une augmentation, une prime, un avantage. Passez à l'action ! Saturne et Neptune en Bélier embelliront les relations amicales, vos projets. Vous brillerez au milieu des autres. Vénus en Taureau, vous intimidera en vous mettant dans des situations nouvelles chargées d'émotions grandioses que vous aurez du mal à gérer et à contrôler. Ce sera l'heure du renouveau ! Des promesses d'extase se dessineront et vous aurez du mal à croire qu'un renouveau aussi resplendissant soit possible. Quelque chose d'exceptionnel se mettra en place sur le plan amoureux. Complémentarité, amour inconditionnel, équilibre, certitude ! Vous aurez besoin de provoquer les choses et de dépasser vos craintes de vous faire trahir. Vous sauterez le pas ! Nouveau départ flamboyant avec quelqu'un qui vous conviendra complètement et qui vous attirera irrésistiblement. Vous serez sur la même longueur d'onde ! La priorité, ce sera vous ! Donnez-vous droit à un nouveau départ !

JUILLET

Le Soleil et Jupiter en Cancer feront un gros plan très favorable sur votre secteur financier. Réussite, gain, concrétisation concrète ! Vous aurez une très belle surprise, un cadeau, une opportunité, qui vous rendra la vie matérielle très agréable ! Ce climat sera également soutenu par les influx de Vénus qui entrera chez vous à partir du 4. Un confort matériel avantageux certain s'installera ! On peut aussi appeler cela la Chance ! Loin de vous les préoccupations étroites face à la gestion de l'argent. Vous vous sentirez à votre aise avec cette abondance opulente nouvelle, génératrice de bien-être total. Ce confort financier aura le pouvoir de vous rendre profondément joyeux ! De plus, Mercure en Lion illuminera votre moral, et vous aurez en retour le talent de trouver pour chacun le mot juste, adapté, empreint de lucidité, de respect et de bienveillance. Vous serez le meilleur ami du monde, le meilleur compagnon, le meilleur collègue, spontanément à l'écoute, prêt à aider. Vous jouirez d'une forme physique éclatante avec un puissant et solide Mars en Vierge au carré de votre signe, qui, de plus, vous inspirera systématiquement les bonnes attitudes à adopter pour entretenir autour de vous un climat serein, même si des tensions de tous ordres devaient survenir. Vous ne vous laisserez pas déranger dans votre précieuse quiétude et vous ferez en sorte d'aplanir d'emblée toutes difficultés potentiellement perturbantes. Pas de traumatismes inutiles ! Vous réfléchirez aussi beaucoup sur de nouveaux projets, minutieusement inspirés par Saturne et Neptune. Vous vous réunirez avec des amis sûrs avec lesquels vous aurez des discussions passionnantes au sujet desdits projets que vous échafauderez ainsi dans le détail. On vous conseillera, on vous aidera, on vous informera et on vous soutiendra ! Vous aurez un talent exceptionnel pour visualiser des actions ambitieuses qui déchaineront l'enthousiasme, les espoirs et les rêves de ceux qui vous entoureront. Vous serez parfaitement crédible et sur de vous, avec le soutien indéfectible de Pluton ! Vous vous sentirez fort et particulièrement inspiré ! A partir du 22, le Soleil en Lion sublimera votre charisme. On vous observera, on vous recherchera, on vous admirera. Vous pourrez ainsi briller aux yeux de ceux ou celles que vous voudrez séduire. Vous vous épanouirez ainsi à vue d'œil, pendant ce beau mois de Juillet, prendrez de la hauteur et entretiendrez autour de vous une atmosphère festive, joyeuse et sagement rassurante.

AOUT

Les actions vont s'enchainer ! De très bonnes nouvelles arriveront à vous, qui brasseront activement l'atmosphère de votre mois d'été. S'ouvrira devant vous un formidable espace de liberté ! Vous n'aurez pas le temps de vous ennuyer ! Un vœu sera exaucé ! Saturne et Neptune en Lion boosteront votre moral, votre enthousiasme, vos désirs, vous serez motivé, très entouré, sollicité, et vous aurez l'occasion de rencontrer de nombreuses nouvelles personnes. Vous vous sentirez rassuré. Vous disposerez d'un très gros potentiel. Vous ne perdrez pas votre temps, vous ne laisserez pas passer les opportunités, vous utiliserez tous les champs des possibles, et, en cette période intense, vous serez invité à vous lancer dans des actions nouvelles qui auront toutes les chances d'aboutir. Vous explorerez de nouveaux horizons, vous aurez besoin d'espace, de vivre autrement, à votre façon, sans suivre les codes. Vous obtiendrez ainsi de très belles matérialisations. Uranus chez vous, vous inspirera et vous verrez votre créativité s'envoler royalement vers de nouveaux horizons infinis. Vous aurez toutes les cartes en mains ! Vous surprendrez votre entourage par votre originalité et vos idées avant-gardistes. Vous créerez des choses nouvelles, vous mettrez à profit vos talents et vos compétences qui fortifieront votre abondance financière. Pluton intensifiera vos émotions ! Vous vous battrez pour vos rêves. Vous matérialiserez ce que vous souhaiterez. Vous vous reposerez sur votre ténacité. Mars déchainera vos sens ! Vous aurez faim et soif d'amour fou ! Vénus et Jupiter vous permettront de vous positionner, de vous exprimer, d'agir. Vous sentirez arriver vos réussites. Vous ne vous laisserez pas tirailler par des doutes. Vous irez vers ce qui vous plaira, vous appellera. Il y aura en vous un espèce de feu qui vous permettra de ne rien lâcher et de mener vos actions jusqu'à leur complète réalisation. Vous ferez valoir vos droits, dans tous les domaines de votre vie. Vous pourrez vraiment jouir d'un climat propice et gratifiant et vous vous reposerez mentalement, vous vous délesterez d'un poids, d'anciennes souffrances. Vous pourrez largement prendre du temps, pour vous et pour ceux que vous aimez.

SEPTEMBRE

Vous serez un bâtisseur ! Voilà une rentrée hyperactive à souhait ! Pas de perte de temps ! Vous attraperez toutes vos obligations de front et vous vous lancerez courageusement dans vos batailles. Vous serez certes, surbooké mais totalement satisfait car vos multiples objectifs vous tiendront à cœur. Vous devrez d'abord trouver impérativement des solutions, en famille, dans votre foyer. Il sera question de lieu de vie, d'embellissement, d'agrandissement, d'immobilier, d'installation. Il y aura des étapes méthodiques à franchir. Vous organiserez tout ! Le Soleil et Mercure en Vierge vous inspireront des projets précis. Vous échafauderez des plans compliqués mais très efficaces. Vous saurez exactement définir vos buts, en effet, vous maitriserez tous les moyens avantageux d'aboutir. Uranus dans votre signe, vous donnera une insatiable envie d'évoluer, de vous engager, de grandir. Vous ne vous accorderez aucun répit avant d'avoir la certitude d'avoir atteint la stabilité que vous désirerez. Sur la deuxième moitié du mois, vous vous sentirez rassuré au vu des bons résultats obtenus. Mars en Balance vous rendra particulièrement bienveillant et très attentionné vis-à-vis des vôtres. Vous protègerez l'harmonie de vos relations affectives. Puis, Mars passera en Scorpion, et vous pourrez alors enchainer directement et faire basculer vos énergies et votre attention sur votre plan professionnel. Saturne en Poissons imposera alors la nécessité de restructurer votre façon de travailler, d'agir. Vous vous renouvellerez, vous irez chercher les bonnes informations à la pointe de votre actualité, pour vous mettre tout à fait à l'ordre du jour. Vous saurez aussi vous entourer des bonnes personnes. Vous vous ferez aider. Votre équipe, vos collègues, vous suivront et vous feront une confiance absolue. Vous ferez des choix importants dans des éclairs de clarté et vous ne commettrez aucune erreur de parcours. Vous aurez conscience de votre valeur et vous aurez énormément d'idées dans votre tête que vous saurez organiser au mieux pour ne rien laisser perdre de votre formidable inspiration. Concrétisations de projets durables et solides !

OCTOBRE

L'Univers organisera pour vous des situations constructives inhabituelles pour vous faire renaître. En effet, vous prendrez vos meilleurs résolutions ! Vous vous révèlerez sur le plan amoureux. Vous ne pourrez pas échapper à une relation puissante et réciproque, que la logique et les jaloux ne parviendront pas à détourner. En effet, vous allez, comme jamais, planer dans les hauteurs vertigineuses de l'Amour, et tout ce qui ressemblera de près ou de loin à des nécessités quotidiennes vous paraîtra alors dérisoire ou minuscule ! Cependant, vous ne dérogerez pas à vos devoirs et responsabilités, vous agirez sans stress, sans inquiétude, et accomplirez ainsi chaque chose mécaniquement. Vous adopterez, sans le vouloir, le comportement idéal pour avancer toutes voiles dehors sur n'importe lequel de vos projets, car vous fonctionnerez sans état d'âme, en évitant les détours inutiles et les pertes de temps. Focalisé sur l'essentiel, vous débloquerez sans encombre, une démarche importante, pour des papiers juridiques ou administratifs. Le Soleil et Mercure en Balance stimuleront votre créativité, votre inspiration, votre imagination. Vous respecterez vos ressentis, vous en tiendrez compte systématiquement. Les informations venues du cœur auront pris pour vous une place prépondérante. Mars en Scorpion vous boostera activement sur le plan professionnel et multipliera les occasions de vous imposer. Vos actions ciblées feront mouche ! Vous gravirez des échelons, vous remporterez des victoires, vous vous ferez remarquer par la qualité de vos investigations. Mercure également en Scorpion vous permettra d'entrevoir logiquement les meilleures réflexions pour décider de l'orientation de toutes vos actions. Jupiter augmentera vos ressources financières. Ce qui aura le don de vous rassurer psychologiquement, vous donnant un moral joyeux au beau fixe. Uranus génèrera des éclairs de génie, des prises de conscience éclairées, des intuitions formelles. Saturne en Poissons vous inspirera les bons choix, les justes prises de décision, les bons timing, pour établir de nouveaux projets à long terme. Ce mois stabilisateur à souhait vous permettra d'amorcer un tournant exceptionnel dans votre vie privée comme dans votre vie sociale. Vous détiendrez les moyens d'accéder à un équilibre général indestructible.

NOVEMBRE

Bon moment pour passer à l'action ! Il sera temps pour vous de récolter ! Quelque chose de beau arrivera vers vous, préparez-vous à un véritable nouveau départ puissant et positif !

Progression, évolution ! Restez discret sur vos perspectives et mettez les jugements, les conseils des autres à la porte ! Cette nouvelle ouverture vous mènera vers une abondance totale sur toutes les facettes de votre vie. Vous aurez dans la tête des perspectives qui vaudront de l'or ! Prenez des notes, ne laissez rien perdre de ces flots exceptionnels d'inspiration. Vous verrez juste ! De bonnes surprises arriveront ! Les énergies en Scorpion activeront, multiplieront, précipiteront vos actions professionnelles. Vous prendrez radicalement une décision très importante, vous vous déplacerez, vous envisagerez et conclurez un nouveau partenariat professionnel, une extension de votre activité, qui générera une évolution, une progression notable. Vous gagnerez du terrain, grandirez en stature. Grande richesse potentielle d'évolution ! Mercure, votre planète, rétrograde en Sagittaire, vous poussera à vous libérer d'anciens dossiers qui vous ralentissaient encore. Vous devrez communiquer sur de vieilles tensions, des mésententes. Vous vous libèrerez définitivement de freins que vous souhaitiez éradiquer depuis longtemps. Vous trouverez des solutions. Vous pourriez aussi reconsidérer les termes d'un contrat. Mercure en

Scorpion illuminera vos réflexions avec pertinence. Vous provoquerez des mises au point, rigoureuses, judicieuses, des changements, salutaires. Vous ne reculerez pas ! Il y aura des signatures importantes, vous prendrez vos marques, vous saurez ce que vous voudrez, vous regarderez loin devant vous, sur le très long terme. Vous serez hyperactif, sans jamais retenir ni vos élans, ni vos efforts. Il n'y aura pas d'hésitation, juste vos intentions, vos volontés. Vous inspirerez la considération et le respect. Vous saurez d'avance ce qui va marcher ! Votre vie amoureuse intense enrichira votre quotidien. Votre stabilité émotionnelle totalement sereine et transparente vous galvanisera !

DECEMBRE

Quel être de communication exceptionnel vous êtes ! Dans votre vie privée comme dans votre vie professionnelle, vous saurez donner à chacun la juste attention, la bonne réponse, l'aide providentielle. Le Soleil et Vénus en Sagittaire harmoniseront tous types de relations et d'échanges. Sur le plan affectif, vous mijoterez silencieusement quelque chose, vous nourrirez consciencieusement l'équilibre durable d'une histoire, vous ferez grandir des projets. Vous chercherez à ancrer vos émotions dans un nouvel environnent pour votre future tranquillité, sans rien dire à personne ! Et votre environnement ne s'y attendra pas du tout ! Dans vos affaires ou dans votre travail, vous obtiendrez des accords nouveaux. Vous vous engagerez dans des contrats. Il y aura des négociations, des discussions, des issues, qui vous conviendront. Grâce à votre grande expérience et votre formidable instinct de survie, vous contrecarrerez systématiquement les vastes tentatives de complications générées par Mars, qui sera face à votre signe. Vous passerez au travers des difficultés, parce que vous saurez clairement les anticiper, les prévoir, et vous les détournerez habilement, vous transformerez tout ce qu'il faudra à votre avantage. Un renouveau prendra alors place, stabilisateur et épanouissant. Jupiter confirmera la pérennité de vos finances. Vous récolterez ! Saturne et Neptune vous mettront au défi de contrôler ce que des personnes envieuses et toxiques, autour de vous, risqueront de provoquer pour vous déstabiliser ou vous freiner. Vous serez attentif à vos ressentis, que vous prendrez en considération et vous agirez efficacement en conséquence. Vous mettrez cartes sur table et ferez connaitre fermement votre position. Vous défendrez vos intérêts. Vous vous détacherez des mauvaises personnes. Il y aura une forme d'évidente émancipation ! Vous ne vous laisserez pas ralentir, ni par votre mental, ni par les avis extérieurs. Mercure aidera tout au long du mois, le dialogue sain et ouvert avec autrui. Pendant les dix derniers jours du mois, vous vous sentirez complètement apaisé et satisfait. Une tranquillité d'esprit confortable vous permettra d'être réceptif et volontaire à participer aux réjouissances festives de fin d'année.

Belles et chaleureuses Fêtes de Fin d'Année en compagnie de vos êtres chers ! Préparez-vous à une puissante et étonnante année 2026 !

CANCER 2025

JANVIER

La communication vous demandera des efforts. En effet, les échanges risquent d'être compromis, des contre-temps pourraient surgir. Le Soleil en Capricorne vous placera dans une situation délicate et vous devrez aller chercher des forces et des moyens au plus profond de votre être. L'obstacle est là pour nous révéler. Vous parviendrez malgré tout à préserver la qualité de vos échanges. Vous serez soutenu par Mars qui sera chez vous et qui saura nourrir votre équilibre intérieur en vous inspirant une belle confiance en vous. Vénus en Poissons, en aspect harmonique à votre signe et à Mars, vous surprendra agréablement avec une belle rentrée d'argent inattendue ou une jolie rencontre amicale ou amoureuse. Le Soleil, Mercure et Pluton en Verseau vous révèleront à quel point il faudra absolument reconsidérer certaines habitudes de vie. Vous vous sentirez au seuil d'une nouvelle étape, et ne tiendra qu'à vous, à force de passage à l'action, d'en faire un véritable renouveau. Vous avancerez en écoutant votre enfant intérieur, votre sensibilité, votre cœur. Vous allez vous conditionner à agir sans répit pour atteindre des objectifs concrets. Il y aura un véritable déclic. Vous allez vous prendre en mains et vous réparer, afin de vous donner tous les moyens de rebondir. Ce mois de janvier 2025 vous fera sortir de votre carapace. Vous allez retrouver votre chemin, vous vous reconnecterez à votre essentiel, vous retrouverez des forces et vous mettrez à plat et changerez beaucoup de choses dans votre vie. Vous oserez dire les choses. Les non-dits, l'égo, ne vous entraveront plus. Vous vous guérirez par vos action et vos intentions. Vous allez réaliser un véritable tour de force pour installer un équilibrage durable. Vous aurez envie d'avancer, vous dépasserez des choses du passé. Et, pour cela, vous prendrez tout le temps qu'il vous faudra, étape par étape. Vous aurez alors admis que « faire un peu, c'est bien aussi ». Il y aura des lenteurs, mais ces ralentissements ne vous feront pas renoncer. Vous choisirez des actions simples et sincères, qui actionneront un rouage qui attirera sur vous ce dont vous aurez le plus besoin.

Laissez-vous aller à vivre ce que vous désirez, à votre rythme. Vous projetterez dans votre réalité ce que vous visualiserez dans vos pensées. Vos intentions s'imprimeront dans votre vie, à travers des évènements, des rencontres, qui se feront au bon moment. Si votre désir est là, c'est qu'il est capable d'arriver dans votre réalité.

FEVRIER

Vous voulez vous sentir mieux. Vous cherchez la sécurité. Vous avez le sentiment d'être bloqué, pourtant vous allez réussir à retrouver un équilibre. Vous allez avancer par rapport à une situation qui vous donne le sentiment d'être dans une impasse. Vous allez bientôt vous sentir soulagé et plus libre. Vous aurez des projets ambitieux ou des perspectives d'envergure et vous déciderez de devenir raisonnable et réfléchi pour organiser vos actions. Les énergies en Verseau vous inspireront la nécessité de vous recentrer, d'entamer une véritable introspection, un bilan objectif. Vous envisagerez des changements sous l'influence de Pluton. Vous allez travailler intensément sur vous.

Attention à ne pas aller trop vite !

Après le 15, Vous prendrez des décisions pour de nouvelles orientations. Mars chez vous, vous consolidera physiquement et psychologiquement et risquera de provoquer en vous l'impatience. Il faudra rester dans le contrôle et la maitrise. Vénus favorisera le travail et ouvrira une vague d'abondance. Vous pourriez obtenir l'évolution matérielle que vous espériez. Vous pourriez recevoir une aide providentielle de la part de sources tout à fait inattendues. On vous soutiendra. Cette aide pourrait vous venir d'une source familiale, amicale ou affective. Il y aura des opportunités constructives que vous serez en mesure de saisir. Jupiter organisera des circonstances propices à votre rééquilibrage. Respectez votre rythme. Soyez lucide et réfléchi. Ne vous laissez pas berner par des offres ou tentations mirobolantes qui pourraient vous faire miroiter des résultats irréalistes. Restez prudent et stratégique. Avancez doucement, car un peu c'est bien aussi. Décidez de fonctionner par étape. Une révélation va vous rassurer face à votre avenir.

MARS

Voici un mois hyperactif pour vous, chers Cancers. Les positions astrales favoriseront les signes d'eau ! En effet, le Soleil sera en Poissons, avec Saturne et Neptune, et tous seront en harmonie avec Mars en Cancer, qui stimulera la verbalisation, l'expression, la communication, les échanges.

Votre intuition, votre «GPS interne», votre instinct, seront particulièrement sensibles, réactifs et susceptibles de vous orienter dans les meilleurs choix possibles. S'imposera alors un retournement de situation, ou la possibilité d' un engagement important. Ce climat proactif génèrera de la nouveauté, pour vous, votre famille, votre entourage proche. A partir du 20, quand le Soleil, en Bélier, rejoindra Mercure et Vénus, vous jouirez d'une très belle énergie. En effet, votre taux vibratoire va exploser ! Vous allez alors faire un choix crucial et vous allez construire sur le long terme. Energie surpuissante, large amplitude d'action, réactivité, inspiration ! Vous trouverez un terrain d'entente dans le domaine où vous en aurez le plus besoin. Il pourrait y avoir un déplacement, un entretien décisif, un contrat ou un coup de cœur, quelque chose qui sera particulièrement important pour vous. Vous pourriez aussi délibérément couper avec quelque chose qui ne vous convient plus. Après le 25, vous aurez des échanges en lien avec un nouvel engagement, ou un achat. Le Ciel vous protègera et vous pourrez vous projeter ainsi pour un nouveau départ. Dès lors, le rythme s'accentuera encore et vous attirerez à vous une franche réussite. Faites marcher vos intentions et la «Loi de l'Attraction»! Il y aura également des négociations stratégiques sur le plan financier. Beaucoup chercheront à mettre en échec votre puissante et renaissante créativité. Protégez vos projets, vos idées, restez discret pour aller jusqu'au bout de toutes vos actions. Sur le plan amoureux, une attente inespérée reviendra sur le devant de la scène. Commencera alors un échange intense de communications. Vous recevrez aussi un cadeau, une récompense, une reconnaissance, un épanouissement, qui fera éclore en vous un état durable de sérénité car vous trouverez votre place et votre véritable équilibre. Dans cet élan, vous vous libérerez de tout engagement susceptible de vous perturber. Vous sortirez de votre zone de confort. De toutes évidences, quelque chose de négatif et perturbant s'arrêtera pour laisser place à une vraie transformation qui vous permettra d'avancer vers un nouveau départ abondant. Vous vous imposerez et irez tout droit vers votre réussite.

AVRIL

Vous serez dans la réussite parce que vous vous retrouverez vous-même. Vous écouterez vos besoins, votre cœur. Vous ne vous laisserez pas envahir par les gens ou les activités trop intenses épuisantes et énergivores. Vous aurez avant tout besoin de calme, de tranquillité, de paix. Vous prendrez soin de vous comme de ceux que vous aimez. Tout vous deviendra agréable, équilibré, harmonieux. Vous vous révèlerez dans le travail où vous passerez les étapes avec succès, vos efforts porteront leurs fruits. Vous aurez un très beau potentiel. Neptune développera vos ressentis et vous ne manquerez pas d'en tenir compte. Vous agirez exactement comme vous le sentirez. Vous serez dans la progression, dans l'ascension. Il y aura des accords, des signatures de contrats, des engagements durables. On vous fera confiance. On vous donnera des coups de mains. Mars, dans votre signe, consolidera et confirmera votre ambition. La période sera favorable à l'amélioration de vos ressources énergétiques. Vous laisserez derrière vous les complications stériles. Vous aurez pour devise de faire simple et bien. En même temps, vous ne lâcherez rien de ce qui vous intéresse. Vous préserverez farouchement votre bulle affective. Mercure, Vénus et Saturne en Poissons, dérouleront pour vous le tapis rouge vers une belle et épanouissante confiance en vous. Le courant passera immanquablement avec fluidité. Ce sera une période propice pour exprimer vos rêves les plus puissants ! Vous agirez avec passion et dans la joie ! Mercure mettra en scène des discussions de travail remuantes, mais vous ne vous laisserez pas bouleverser. On ne pourra pas avoir de prise toxique sur vous. Vous serez déterminé à « laisser couler » ! Mars en Lion protègera le plan financier. Pluton favorisera même les gains inattendus.

MAI

Vous passerez à l'action, vous serez obligé de bousculer vos codes et ce sera finalement très positif. Vous allez provoquer des choses nouvelles nécessaires, saines et cela se mettra en place très rapidement. Le mois ne sera pas monotone ! Il faudra croire en vous et voir au-delà de vos croyances habituelles, de votre zone de confort. On se rendra compte de vos capacités, de vos potentiels et de tout ce que vous allez être capable d'accomplir. Peut-être y aura-t-il trop de choix, des défis à relever, mais rien ne vous fera reculer. Vous ne refuserez pas les nécessités à accomplir. Vous accepterez le défi, sans trop y réfléchir, juste avec l'intuition formelle qu'il vous faudra passer par cette étape pour pouvoir grandir. Vous aurez une vision anticipée très claire de ce que vous accomplirez. Ce sera une période de grande créativité, d'ingéniosité, de prises de conscience. Vous aboutirez au final dans toutes vos démarches. Vos amitiés, vos relations amoureuses ou vos projets évolueront conformément à vos plans nouvellement dressés et comme vous l'attendrez. Dans le travail, Mercure, Vénus, Neptune et Saturne provoqueront des tensions, des frictions, des incompréhensions professionnelles. Vous saurez faire preuve de diplomatie, de patience, d'intelligence et d'humilité, ce qui vous mettra sur le bon chemin. Vous élargirez ainsi votre champ de vision, d'action, avec de nouvelles perspectives, pour vous construire un nouvel équilibre.

Vous réussirez à contrôler et déjouer les jalousies, les rivalités, et à progresser sans vous mettre en franche opposition avec qui que ce soit. Parce que vous verrez désormais les choses différemment, vous vous transformerez, vous avancerez, et vous récolterez les résultats que vous n'auriez jamais pu imaginer pouvoir instaurer ou imaginer un jour. Mars vous donnera toute l'énergie physique et morale nécessaire pour être réactif avec justesse et précision. Vous vous ouvrirez avec raison au réconfort de Pluton qui commencera alors son long séjour dans votre secteur des finances et, de l'invisible, imposant des changements incontournables. Vous suivrez le mouvement en toute conscience et bonne volonté ». Les points de repère vont bouger, peut-être même à votre insu et vous vous adapterez, comme une évidence, judicieusement et avec confiance.

JUIN
   Vous camperez sur vos positions ! Vous sortirez d'une période conflictuelle avec vous-même. Retour à la joie ! Vous ne rejetterez pas de parties de vous-même que vous avez pu mettre de côté pour vous fondre dans le décor. Vous vous rapprocherez de croyances avec lesquelles vous serez parfaitement aligné. Vous ne vous renierez pas ! Vous vous centrerez sur ce que vous sentirez être vrai dans votre cœur. Vous reviendrez à la source, à ce que vous êtes vraiment, à votre propre vibration, à vous-même. Et cette attitude déclenchera des rencontres positives, des situations particulières, qui vous récompenseront. Vous retournerez à la découverte de vous-même ! Vous vous assumerez ! Il y aura un renouveau dans votre

énergie, dans votre rapport avec vous-même. Vous vous sentirez profondément heureux ! Vous serez serein et rayonnant ! On vous admirera, vous, votre aisance, votre élégance et votre bien être. Vous ne manquerez pas de projets professionnels et vous ne laisserez personne piller votre énergie. Saturne et Neptune en Bélier vous inspireront les meilleurs conseils pour ne pas vous laisser déstabiliser, même en cas de grand remue-ménage. Vénus vous imperméabilisera aux conflits et aux tensions. Vous serez sélectif, et vous ne laisserez pas n'importe qui entrer dans votre champ énergétique. Les planètes en Gémeaux vous immuniseront contre les erreurs et stimuleront votre passion. Vous élaborerez vos projets sur le long terme, avec patience, sans vouloir bruler les étapes. Mercure et le Soleil, chez vous, vous pousseront encore plus en avant. Les évènements se produiront à vive allure et vous trouverez les meilleures façons de les diriger avec sagesse. Mars en Lion, favorisera le plan financier. Vous ne pourrez pas vous tromper si vous écoutez votre intuition ! Votre sage patience vous fera évoluer à votre convenance. Puis, Mars en Vierge fortifiera votre moral et agrandira considérablement vos cercles relationnels. Vous pourrez vous faire confiance ! Uranus consolidera une amitié ou un lien important pour vous. Pluton sublimera votre sensualité ! Joie et séduction ! Vous monterez sur le podium !

JUILLET
Les choses se mettront en place en votre faveur. Vous vous en sortirez beaucoup mieux que vous ne pouviez l'imaginer ! Foncez ! Aucun incident ne sera de taille à vous empêcher d'avancer. Liens du cœur, fusion, entente chaleureuse avec tous ceux qui auront la chance de croiser votre chemin. Que ce soit pour du travail ou du sentimental, la chance sera de votre coté, et vous trouverez un bel épanouissement. Même si les choix seront parfois difficiles à faire, les énergies vous inciteront à insister pour imposer vos désirs, pour accroitre vos revenus. Le soleil et Jupiter, vous élèveront et vous mettront en valeur. Vous resterez concentré et vous ne vous perdrez pas dans les méandres de votre esprit à ressasser d'anciens regrets. La

situation se fluidifiera, vous trouverez systématiquement des solutions, vous obtiendrez des récompenses, et ces résultats vous feront évoluer de façon très positive. Votre générosité spontanée attirera les bonnes choses. Vous serez au centre de l'attention. Vous aurez beaucoup de choses à faire et le temps vous paraitra court. Vous serez bien entouré, vous serez optimiste et enjoué. Vous en sortirez grandi ! Mercure en Lion multipliera vos idées. Eclosion ! Vous démontrerez vos capacités, vous développerez vos terrains d'activité. Un rendez-vous important va vous ouvrir de nouvelles perspectives. Vous aurez envie d'aider les autres. On pourra aussi sonner à votre porte pour solliciter votre soutien ou votre aide. Que vous accorderez avec bienveillance ! Mars soutiendra votre moral, Pluton stimulera et libèrera votre imagination. Saturne et Neptune, agiront sur votre plan professionnel, vous encourageant à montrer votre droiture, votre loyauté et votre empathie. Vous serez très apprécié ! Vous garderez solidement le cap, vous passerez à l'action, vous atteindrez un objectif précieux à votre cœur. Vous vous organiserez financièrement pour officialiser une action.

AOUT

Vous allez mettre de nouvelles règles en place, Evolution en spirale ! Vénus et Jupiter dans votre signe consolideront votre confiance en vous et vous donneront l'envie d'agir à votre convenance. Vous récolterez du succès ! L'Univers vous donnera les clefs pour évoluer. Ainsi, vous serez volontaire pour vivre de nouvelles choses qui se révèleront passionnantes pour vous. Le soleil en Lion, épaulé par Mercure, protègera vos finances et pendant les trois dernières semaines, vous récolterez une véritable manne providentielle. Saturne et Neptune vous garderont concentré sur toutes vos tâches. Vous nourrirez des projets sur le long terme que vous ne perdrez pas de vue. Pour vous accomplir, vous ne vous économiserez pas et vous donnerez le meilleur de vous-même dans toutes vos actions. Vous serez aussi là pour aider les autres. Vous ressentirez les besoins de ceux qui vous entoureront. Vous précèderez les demandes. Vous apporterez du réconfort, et on vous aimera pour cela. Sur le plan amoureux, vous aimerez et donnerez sans limite. Aucune difficulté ne vous fera renoncer à vos plans, même les plus ambitieux. Mars en Vierge galvanisera votre moral, aussi envisagerez-vous des actions nouvelles, que vous ne perdrez pas de temps à engager, vous pourrez même vous déplacer géographiquement. Quand Mars passera en Balance, parce que vous aurez partagé vos projets, vos idées, vos intentions, vous affronterez quelques tensions dans votre milieu familial. En effet, certains vous feront des reproches, on tentera de vous mettre des limites. Vous prendrez le temps d'équilibrer la situation. Cependant, vous ne laisserez personne profiter de votre gentillesse, car votre bienveillance ne sera pas de la faiblesse. Vous ne vous perdrez pas dans les attentes des uns et des autres. Vous trouverez votre harmonie, votre stabilité. Ce sera très bénéfique pour vous, car vous vous retrouverez pleinement. Vous préserverez ainsi votre vision positive de votre futur.

SEPTEMBRE

Vous vous sentirez l'âme d'un

bâtisseur ! Vous ne perdrez pas de temps. Vous chercherez une guérison au sein de votre groupe. Vous protègerez votre famille. Le Soleil en Vierge, secondé par Mercure, vous permettra de trouver rapidement les réponses dont vous aurez besoin. Vous ne prendrez pas de décision impulsive. Vous pèserez méthodiquement le pour et le contre de chaque étape. Vous serez capable de prendre les meilleures décisions. Vous vous exprimerez clairement pour mettre en place des projets collectifs. Vous veillerez à combler ceux que vous aimez, que vous ferez passer en priorité. Vous aurez le désir de partager avec les vôtres, pour consolider les sentiments réciproques au sein de votre clan. Votre vie familiale exigera particulièrement votre présence et votre attention. Vous ferez des démarches pour embellir ou agrandir votre habitation. Jupiter dans votre signe vous aidera grandement à avancer dans chacun de vos perspectives. Et vous serez reconnu ! Des opportunités se présenteront à vous, des portes s'ouvriront. Votre bonne volonté, loyale et sérieuse, attirera la confiance. La sphère professionnelle nécessitera une attention toute particulière car Neptune imposera des complications que vous devrez dénouer. Vous vous y attelerez et vous vous attacherez à trouver méthodiquement vos solutions. Saturne établira une protection salutaire autour de vos périmètres d'action, ce qui vous permettra de ne pas avoir à renoncer à certaines attentes. Vous ne serez pas déçu ! Sur le plan amoureux, vous vous projetterez de façon sereine. Vous vous sentirez sur de vous. Le conseil éclairé sera de veiller de près à votre état de santé en vous accordant des temps de sommeil et de repos suffisants. Grâce à votre organisation, vous réussirez à finaliser les piliers nécessaires à votre stabilisation durable et sereine sur le plan matériel. En fin de mois, vous dresserez un bilan positif très encourageant.

OCTOBRE

Tout se débloquera à votre demande ! Les énergies s'aligneront d'abord pour protéger vos affaires familiales ou immobilières. Vous aurez le grand bonheur de recevoir une excellente nouvelle ! Tous les voyants seront au vert pour vous permettre d'avancer. Vous serez inspiré par votre cœur et votre bienveillance, vous verrez s'ouvrir de belles perspectives qui changeront vos points de repère, dans un sens constructif et espéré. Saturne favorisera des réalisations qui vous emmèneront directement vers la joie ! Les points positifs vous projetteront durablement, avec confiance, loin dans le futur. Vous n'aurez aucun mal à vous visualiser dans des entreprises positives. Jupiter vous donnera une confiance en vous solide et sans remise en question possible, veillant à arranger les choses, vous préservant systématiquement de situations excessives. Des propositions surgiront et installeront l'équilibre et la paix qui vous conviendront. Un nouveau départ se préparera ainsi. Vous serez enthousiaste et volontaire devant les revirements de situations percutants qui vous feront entrer dans un nouveau cycle de votre vie. Vous récolterez en prime de très belles émotions ! Vous serez capable d'entraîner et de porter les autres dans votre sillage. Dans le travail, Neptune vous cherchera des « complications ». Aussi, restez attentif et lucide, soyez vigilant pour ne pas vous laisser avoir avec des propositions fictives. Neptune vous inspirera la lucidité nécessaire au bon moment et vous mettra clairement la puce à l'oreille. Vous agirez alors en conséquence. Sur la deuxième moitié du mois, une inspiration de génie vous incitera à engager des changements radicaux. Pendant toute la dernière semaine du mois, vos pensées seront totalement absorbées par vos émotions amoureuses. Vous n'aurez aucune crainte et arriverez à vos fins, vous aurez des projets, un avenir précis se dessinera et vous permettra d'avancer sur un chemin très lumineux.

NOVEMBRE

Vous débloquez une ou plusieurs situations. De l'émotion ! Pure et inconditionnelle ! Tout deviendra possible. Les échanges, les contacts, les rencontres seront protégées et particulièrement rares et propices. Période exceptionnelle ! Il ne faudra rien laisser passer. Arrangez-vous pour être partout en même temps ! Engagement, chance et victoire ! Beaucoup d'ententes, heureuses et épanouissantes. Affection, travail, famille, le climat est protégé par la chance. Le Soleil,

Mars, Mercure, et Vénus en Scorpion vous couvriront d'amour, de succès et d'inspiration. Votre cœur va palpiter comme jamais ! Jupiter, chez vous, vous transfusera une confiance en vous indestructible et vous permettra d'envisager d'entreprendre tout ce qui fera surface et évidence dans votre pensée. En famille, vous aurez le grand bonheur d'entretenir des échanges chaleureux et réjouissants. Ou de rétablir des contacts, des retrouvailles, qui vous feront beaucoup de bien. Mars en bel aspect à Mercure, vous facilitera la vie quotidienne et favorisera particulièrement la collaboration. Vous trouverez facilement de l'aide, des soutiens, des conseils, des opportunités. Des engagements seront possibles et vous apporteront la véritable réussite. Vous serez très enthousiaste, très volontaire, très communicatif. Saturne et Neptune en Poissons éclaireront vos pensées, votre lucidité et entretiendront en vous un moral dynamique et positif. Vos raisonnements seront particulièrement fluides et limpides. Vous pourriez ressortir de vieux dossiers, remettre à jour d'anciens projets, et les mener à terme.

Pluton ouvrira les vannes de l'abondance financière. Le Soleil en Sagittaire stimulera et renouvellera le terrain professionnel avec l'apparition d'évènements porteurs de possibilités très intéressantes. Vous trouverez du réconfort avec ceux avec qui vous travaillerez qui seront animés des mêmes valeurs que vous. Vous vous ferez mutuellement complètement confiance. Refusez, une fois pour toutes, de vous inquiéter pour des retards car vos démarches aboutiront de toutes façons ! Ecoutez-vous ! Ecoutez votre voix intérieure, le Cœur !

DECEMBRE

Vous aurez toutes les cartes en mains pour y arriver, sans forcer. Vous aurez même du mal à choisir entre la multiplicité des opportunités qui vont affluer vers vous. Ecoutez votre cœur, votre intuition ! Ecoutez vous ! Des énergies nombreuses et hyperactives remonteront vers vous. En effet, le Soleil, Vénus, Mars et Mercure en Sagittaire vont transfigurer votre façon d'agir, de travailler, d'aimer, de vous comporter.

Vous aurez toutes vos réponses en vous, au fil des jours et de vos besoins. Vous prendrez une nouvelle direction, vous comprendrez beaucoup de choses, tout s'éclairera pour vous, dans une volonté de total lâcher prise. Vous prendrez toutes choses en mains. Vous serez volontaire, infatigable, surprenant. ! Vénus renforcera et sublimera votre image de marque, votre renommée, votre aspect. Vous serez concentré sur vous, vous saurez exactement dans quelle direction aller, vous aurez grandi et vous agirez pour construire solidement votre nouveau départ. Mars aiguisera votre savoir-faire, votre instinct, votre créativité, votre fougue. Après le 15, Mars passera en Capricorne, vous serez comme jamais ancré dans vos positions et rien ne vous fera reculer, ni renoncer à vos projets. Vous serez parfaitement diplomate et réfléchi. Vous saurez exactement comment gérer chaque situation, au mieux, à votre avantage. Jupiter préservera et nourrira votre optimisme. Vous serez vif et réactif, capable d'attraper toutes les chances, dans n'importe quel domaine, qui passeront, pour vous, à votre portée ! Rien ne vous échappera ! Vous sortirez beaucoup, vous vous changerez les idées, pour vous aérer l'esprit. Mais, sans aucun excès pour votre santé ni votre équilibre mental. Certains chercheront à vous piéger intellectuellement, mais vous saurez réagir au mieux avec les meilleures réponses ou parades possibles, à votre façon. Vous aurez le bonheur de constater qu'une présence amie, aimante, sera complètement investie dans une nouvelle relation. Une très belle personne se dévouera à votre personne ! Pendant les dix derniers jours du mois, pendant la période des fêtes, un heureux amas de planètes en Capricorne illuminera la présence de votre partenaire. Vous prendrez alors conscience de toute sa Lumière ! Vous sortirez de vos hésitations et vous déciderez alors de vous engager. Abondance et belles choses du cœur ! Vous renaitrez ! De très belles énergies répondront à toutes vos attentes. Souriez !

Excellentes Fêtes de fin d'Année et très heureuse Année 2026 qui va vous combler émotionnellement et socialement.

LION 2025

JANVIER

Le Soleil en Capricorne du 1er au 19, puis de Mercure du 8 au 28 vous donneront le potentiel nécessaire pour vous accomplir à la mesure de vos ambitions en particulier sur le plan professionnel. Vous serez très occupé et risquez de vous retrouver au four et au moulin. Volontaire, vous vous investirez complètement pour organiser toutes vos actions dans les moindres détails en veillant à ne rien négliger. Il faudra veiller à respecter votre rythme pour ne pas souffrir de surcharge mentale car vous ne délèguerez pas vos tâches et assumerez méticuleusement chacune de vos responsabilités. L'inflexibilité vous facilitera la tâche et préservera votre bien être et votre confiance en vous. En effet, vous réussirez à vous poser avec précision, à être direct et parfaitement sur de vous. Une heure de vérité sonne, un éclaircissement apparait, une décision à prendre s'impose, pour cela les choses importantes seront dites. Vous aurez donc particulièrement besoin d'une discussion afin de verbaliser votre position. Et ainsi, l'harmonie dont vous aurez besoin s'installera. De nouvelles perspectives se dessineront, telles que des nouveaux projets, un avancement, une augmentation, une nomination, et elles seront compatibles avec vos attentes et vos choix. Il y aura un alignement d'évènements générateurs d'un nouveau statut social valorisant. Vous ne vous poserez pas beaucoup de questions inutiles. Il y aura des échanges profonds, des découvertes, des prises de conscience, qui vous placeront à la croisée des chemins, et aboutiront ainsi la nécessité d'un choix important à faire. Vous défendrez adroitement vos intérêts et continuerez vaillamment à batailler pour avancer méthodiquement. Vous préserverez ce qui est important pour vous. Vous ne vous forcerez pas à faire systématiquement plaisir aux autres, vous penserez d'abord à vous. Pour cela, vous déciderez de prendre votre temps. Il pourra aussi y avoir des retrouvailles, car une roue tournera en votre faveur, une chance sera à saisir sur le plan relationnel. Une possibilité de vous sentir mieux se placera à votre portée et vous permettra clairement d'accéder à une évolution. Vous ne dépendrez de personne et vous déciderez formellement d'arrêter de ressasser les anciens problèmes. Vous mettrez de coté ce qui est négatif et vous vous centrerez essentiellement sur vous afin de privilégier, avant toute chose, la concrétisation de votre avancée sociale. Le Bonheur entrera clairement dans votre vie en ce mois de janvier 2025.

FEVRIER

Des démarches administratives, des contrats, concernant des choses qui vous passionnent, qui vous tiennent à cœur, vont être signés. Il y aura des échanges d'opinion. Ce sera une franche réussite qui vous sortira de vos limites, de vos habitudes. Quelque chose de neuf arrive vers vous. Vous irez vers des moments festifs, complètement alignés avec vos aspirations. Vous aurez de bonnes nouvelles, des surprises, des sollicitations. Des messages vont vous arriver et des propositions vous seront favorables. Le soleil, Mercure et Pluton, pendant la première quinzaine, vous inciteront à communiquer, à élargir vos réseaux sociaux. Vous vous envolerez vers de nouveaux horizons, changements nécessaires. Il faudra écouter les avis extérieurs car vous obtiendrez des informations et des conseils très précieux. Jupiter favorisera grandement vos relations amicales et professionnelles. Vous vous montrerez enthousiaste, bienveillant, volontaire et inspiré. Vous vous lierez sincèrement avec des personnes attachantes et passionnantes. Après le 15, vous stabilisez et concrétisez des choses importantes pour vous sur le plan professionnel. Des actions concrètes se mettront en place rapidement. Vous serez aligné avec vos attentes et vos potentiels. Vous vous sentirez dans la maîtrise de vos actions. Vous ferez preuve de discernement et de sagesse. Vous serez dans la confiance, intimement convaincu que ce qui se présente oeuvrera pour votre bien. Ancrage et légitimité de votre position. Le plan affectif dès le 4, vous inspirera des émotions puissantes. La situation risquera d'être compliquée et vous prendrez le temps de peser les pour et les contres, en fonction des conseils de votre cœur. Vous savez où vous voulez aller car vous cherchez du stable et du durable. Les choses bougeront et avanceront lentement à votre rythme. Vous garderez le contrôle. Vous fuirez l'insécurité.

MARS

Voici un mois propice aux changements, que vous les décidiez ou non. Mercure et Vénus en Bélier, vous soutiendront et vous permettront de garder un moral puissant, enthousiaste et volontaire. Une communication, un courrier, une nouvelle va vous faire plaisir. Vous allez pouvoir remonter une pente, vous valoriser, vous lâcherez prise avec une préoccupation ancienne ou une rancœur. Vous aurez envie de vous libérer et de vous exprimer. La progression sera fulgurante à la suite d'une proposition, d'une déclaration. Vous serez dans l'amour de vous, centré sur vous et vos besoins. Des choses importantes se mettront ainsi en place rapidement. Ce sera une période idéale pour prendre position. Vous aurez le sentiment de rattraper le temps perdu. Les évènements deviendront limpides à vos yeux. Vous aurez tous les moyens de gérer, d'affronter, de dépasser les obstacles. Après le 20, le Soleil sera lui aussi en Bélier et vous vous sentirez particulièrement sur de vous! Jupiter fluidifiera la communication, dans tous les domaines qui vous intéresseront. Vous saurez gérer vos émotions, vos réactions. Vous ne vous laisserez pas déstabiliser. Vous serez capable de profiter d'occasions inattendues qui se présenteront à vous. Un vœu pourrait être exaucé ! Quelque chose que vous attendiez depuis longtemps, arrivera ! Mars en Cancer risquera de vous faire douter. Aussi, sachez protéger vos décisions et vos ressentis. Uranus génèrera des tensions, des incompréhensions, des quiproquos. Organisez-vous méthodiquement en respectant votre rythme et vos valeurs . N'allez pas chercher les conseils chez les autres. Ecoutez-vous, prenez seul vos décisions. Restez-vous fidèle ! Restez discret ! Sur le plan amoureux, vous réajusterez vos jugements, une compréhension nouvelle vous imprègnera de bienveillance. Vous déciderez de vous engager ou de prendre de nouvelles décisions. Il n'y aura plus d'hésitation, vous ferez disparaître des blocages. Vous vous rapprocherez d'un être cher, vous vous affirmerez comme jamais. Vous tiendrez tête, en pleine conscience, à des gens qui pourront tenter d'interférer dans votre intimité.

AVRIL

Vous allez, en pleine conscience, ouvrir la porte du bonheur ! Vous êtes prêt pour la naissance d'une histoire d'amour inconditionnel ou pour la création d'une activité passionnante, totalement révélatrice de vos potentiels. En effet, les énergies des planètes en Bélier vous porteront vers votre complète réalisation personnelle. Vous vous sentirez à votre véritable place. Vous serez conscient de vos besoins, de ce que vous voulez, et surtout de ce que vous ne voulez plus. Pour cela, vous poserez des flots de questions pour réussir à trouver les moyens de commencer quelque chose de nouveau, d'essentiel, de primordial, qui vous conviendra complètement. Vos relations se rapprocheront de vous, avides de vos conseils, car elles sentiront à quel point vous êtes inébranlablement inspiré. Vous n'aurez pas d'erreur de jugement. Vous viserez juste, immanquablement ! Pour ce faire, vous avancerez avec vos certitudes et vos ressentis. Après le 18, Mars arrivera chez vous et vous dotera d'une forme physique inaltérable et d'un moral d'acier. Dans cette vibration, vous allez gérer divers dossiers en attentes avec une aisance déconcertante. Vous ne vous laisserez pas retarder par des obstacles fictifs. Vous créerez un nouvel environnement, professionnel ou personnel, équilibré, épanouissant, rassurant. Le Soleil en Taureau illuminera, en particulier, le plan professionnel. Des idées, des opportunités, des contacts vont surgir de nulle part, et vous fournir les outils, les moyens, dont vous aurez exactement besoin. Vous serez dans le contrôle et vous ne vous laisserez pas emporter dans des réactions erronées. Vous saurez d'instinct quelles bonnes décisions prendre. L'Univers vous emmènera là où vous voulez et devez aller. Vénus en Poissons générera des situations surprenantes qui vont éveiller en vous des émotions puissantes et peut être même encore totalement inconnues pour vous.

MAI

Comme de l'eau, là où iront vos intentions, vos énergies couleront ! Nouveau départ dans votre vie sentimentale, amicale, relationnelle, professionnelle ! Succès incontestables ! L'Univers n'est pas là pour vous donner de faux espoirs. Voilà un retour de justice qui vous fera le plus grand bien. Votre cœur se gonflera de joie et de satisfaction ! Ce mois s'annoncera très fluide pour vous, en alignement total avec vos véritables besoins, vos plus profonds ressentis, vous aurez besoin et envie de montrer vos potentiels ! Le Soleil et Uranus en Taureau créeront des conflits dans votre travail, pour provoquer vos réactions et booster ainsi votre positionnement. Gardez le contrôle ! Vous réorganiserez, rééquilibrerez les excès et les manques à votre convenance. Jupiter et Mars nourriront abondamment votre enthousiasme et votre joie de vivre. Pluton éveillera votre conscience vis-à-vis de ceux qui vous entoureront et qui compteront pour vous. Vous serez particulièrement respectueux et attentifs aux besoins et aux attentes de ceux que vous aimez. Vous éviterez à tout prix les tensions. Mercure, Vénus et Saturne rendront vos rêves particulièrement attractifs. Vous aurez des désirs immenses au profit desquels vous engagerez toute votre énergie, vos espoirs, vos attentes. Ce sera le moment de

« manifester » vos pensées les plus lumineuses pour les inviter à se concrétiser dans votre réalité. Répétez vos affirmations comme un robot et laissez l'Univers faire le reste du travail. Après le 20, vous entamerez concrètement une nouvelle étape très importante et très satisfaisante pour vous. Vous serez alors motivé et heureux comme jamais de vous projeter enfin dans cette nouvelle direction tant désirée. Bilan, abondance des revenus, des émotions, des bons résultats ! Une porte magique s'ouvrira et vous raflerez tous les heureux résultats potentiels possibles.

JUIN
　　Il y aura une sorte de magie qui vous permettra d'évoluer amoureusement. Mercure et Jupiter en Gémeaux favoriseront les amitiés et les projets professionnels. Ouvertures et communications intenses, honnêtes et particulières qui pousseront votre créativité. Vous serez concentré et focus sur vos objectifs et vous transformerez ainsi positivement et progressivement votre situation professionnelle. Vous vous sentirez

de plus en plus libre d'agir. Mars, chez vous, renforcera votre volonté et votre enthousiasme. Saturne, Neptune et Vénus vous inciteront à voir loin devant vous, à anticiper, à visualiser, à programmer avec certitude. Vous aurez des désirs d'engagement. Une conversation importante vous permettra d'exprimer ce que vous aurez dans le cœur. Vous vous sentirez écouté, entendu, compris. Vous construirez méthodiquement une nouvelle perspective affective officielle. Votre cœur s'ouvrira au champs des possibles, vous ferez preuve d'empathie, vous ferez en sorte de respecter la position et les attentes de la personne qui vous intéressera. Ainsi, les choses se passeront au mieux sur le plan sentimental. Renaissance, nouveau départ, changement, récompense ! Surtout n'hésitez pas à mettre des mots sur les non-dits avec tous les proches interlocuteurs concernés. Clarifiez les zones d'ombre ! Vous aurez la satisfaction de partager des émotions précieuses, comme jamais vous ne les aurez encore connues. Vous célèbrerez cette étape de déblocage tout à fait révélatrice. Les discussions de cœur vous fortifieront. Aussi, vous n'hésiterez pas à les provoquer pour vous sentir de plus en plus sur de vous et de vos choix. Abondance, cadeau, ambition, surprise ! Vous ne vous ennuierez pas une seule seconde car vous pourrez constater à quel point vous réussirez à remanier votre vie exactement comme vous l'entendrez. Pluton peaufinera le tableau en entamant son processus irréversible et inéluctable de métamorphose complète de votre vie amoureuse. Vous officialiserez ! Vous vous sentirez complice avec votre nouvelle connexion, votre entourage risquera d'en être jaloux. Vous progresserez malgré tout avec bonheur. Vous ne vous laisserez pas influencer par l'avis et les conseils des autres. Vous saurez leur dire « Non ! ».

JUILLET

Changement imminent de jugement ! Les choses vont se métamorphoser ! Une nouvelle compréhension vous permettra d'un coup d'y voir plus clair. Ce sera le moment ! Vous prendrez position, vous vous engagerez. Vous vous sentirez aligné, prêt ! Vous ferez sauter tous les blocages existants, comme une évidence. Nouveau départ, nouveau cycle. Vous oserez toutes les audaces, sous l'emprise de besoins irrépressibles, sous l'influence des énergies pressantes en Cancer. Vous vous laisserez aller ! Le Soleil, Jupiter et Mars en Vierge vous pousseront à montrer sans masque votre personnalité authentique et rare. Vous dévoilerez votre instinct possessif et entier, unique. La chance tournera en votre faveur ! Pluton vous inspirera judicieusement de garder le contrôle, surtout en amour, mais aussi sur le plan professionnel. Vous éviterez méthodiquement la rigueur dans vos réactions, vous privilégierez la mesure, la pondération, l'équilibre. Le Soleil entrera le 22 dans votre signe et rejoindra Mercure. Votre vivacité intellectuelle connaitra alors des sommets, comme votre charisme, votre pouvoir de séduction, votre créativité, votre intuition. Saturne et Neptune, vous permettront d'organiser des changements nécessaires, importants et concrets. Vous transformerez toute votre organisation de vie. Le plan amoureux et amical connaitra lui aussi une illumination bénéfique. Belle rencontre, fort attachement, victoire, découverte de l'autre.

Le timing divin sera à l'œuvre ! Vous n'aurez rien de spécial à faire sauf d'être vous-même. Vous en aviez rêvé ! Ce sera là ! Victoire !

AOUT

Le Soleil et Mercure vous inonderont de lumière, de succès, de satisfactions, d'épanouissement, de bien-être ! Saturne et Neptune en Bélier, vous donneront les moyens nécessaires pour modifier vos habitudes, vos projets, vos attentes. Vous pourrez changer de perspective de vie, renaître, repartir à zéro, avec un potentiel d'énergie et d'objectifs totalement renouvelé ! Vous vous sentirez en pleine possession de vos moyens et aucune hésitation ne viendra troubler vos plans. Uranus en Gémeaux fera entrer dans votre vie de nouvelles personnes, passionnantes, originales, créatives. Vous agrandirez considérablement votre cercle amical, étendrez vos connexions sur les réseaux. Vous vous montrerez partout, on parlera de vous, on cherchera à vous rencontrer. Vous laisserez entrer dans votre vie des vecteurs de nouveauté, de découvertes. Vous serez en quête d'un air neuf ! Pluton saura cependant vous inspirer les justes limites, en vous gardant lucide et responsable vis-à-vis de ceux que vous aimerez. Vous ne négligerez pas ceux qui auront besoin de vous et vous ne blesserez personne par une négligence ou une absence de trop. Pendant la dernière semaine du mois, vous aurez la surprise de retrouver des connaissances de votre passé. Vous qui serez emporté dans un élan de vibrations innovantes, vous apprécierez au fil de vos retrouvailles les qualités potentielles de ces personnages perdus de vue. Quoi qu'il en soit, vous ne ferez pas machine arrière quant à vos cibles et préserverez toute l'attention nécessaire pour les atteindre. Les planètes en Sagittaire sensibiliseront vos émotions. Vous aurez soif d'aimer et de vous sentir aimé. Mercure en Sagittaire accommodera au mieux tous types d'échanges. Vous serez bienveillant, attentionné. Votre vie sera donc très animée et tramée de réjouissances tout en vous acquittant de toutes vos missions et obligations avec talent !

SEPTEMBRE

Même si des idées vous paraitront

farfelues, il faudra les explorer ! Les idées n'entrent pas dans notre tête pour rien. Tout est choix ! Vous manœuvrez adroitement et l'énergie sera là. Vous serez réfléchi. Vous y verrez clair dans une relation et aurez une vraie conversation concernant votre avenir affectif. Surprises à volonté dans le milieu amical où vous pourriez rencontrer l'Amour grâce à la complicité de Vénus, qui sera chez vous du 1er au 18 ! N'hésitez pas à mettre fin à une situation trop compliquée qui vous mettait mal à l'aise. Simplifiez-vous la vie au maximum ! Rien n'est plus précieux que le plaisir ! Jusqu'au 22, le Soleil et Mercure en Vierge vous permettront de vous épanouir pleinement, vous vous mettrez en avant et vous vous intéresserez à l'argent que vous gagnerez. Vous vous montrerez raisonnable et économe, ce qui vous mettra à l'abri des problèmes courants et garantira votre sécurité matérielle comme celle de vos proches. Vous prendrez votre temps ! Vous vous ferez pleinement confiance et avec amour ! Vous aurez pour objectif de vous affranchir des schémas de répétition qui vous bloquaient encore. Mars en Balance jusqu'au 21 consolidera votre moral. Vous allez vous stabiliser et prospérer. Contrôlez votre coté dominateur car vous pourriez affronter des tensions à cause d'une rivalité. Il pourra y avoir des personnes jalouses de vous qui n'auront pas votre potentiel et qui vous chercheront des complications. Pluton face à vous ne fera pas de cadeaux, vos interlocuteurs ne lâcheront rien ! Cependant, vous gèrerez haut la main. Vous cultiverez le partage et la sérénité. Vos qualités seront mises en valeur. Contrat, engagement, rencontre, vous renégocierez un accord financier qui finira par vous convenir. Vous serez dans une phase constructive. Il sera essentiellement question pour vous d'harmonie et de nouvelles portes qui s'ouvriront.

OCTOBRE

Un beau mois d'automne riche en retournements et en communications. Vous serez aux aguets, adaptable, créatif et inspiré ! La chance se construit ! Pluton cherchera à modifier vos relations contractuelles ou vos ententes professionnelles. Saturne en Poissons ralentira vos finances. Mais votre intuition éclairée vous mettra sur la bonne voie ! Vous choisirez en pleine conscience de rester zen en toutes circonstances ! Vous vous sentirez résistant et en passe de prendre une belle avance dans votre travail. Vous dépasserez vos concurrents car vous prendrez les mesures qui s'imposeront pour préserver votre position. De plus, vous ne parlerez pas de vos projets à tort et à travers. En effet, pour toutes vos questions matérielles, vous aurez des réactions inspirées. Vous vous sentirez guidé ! Grand vent d'indépendance !

Toutes vos préoccupations seront utilitaires. Même si vos charges se révélaient lourdes sur vos épaules, vous miserez avec raison sur votre organisation. Et vous verrez juste ! Les choses s'amélioreront les unes après les autres. Vous vous sentirez de taille à vous investir dans de nouveaux projets avec une réelle motivation. Aucun risque pour vous de manquer d'énergie ! Vous assurerez ! En effet, le Soleil, Mercure et Vénus en Balance vous pousseront à voir du monde et vous brillerez de toutes vos lumières. Vous serez particulièrement charismatique et innovant, une véritable libération ! Le secteur amical sera ainsi prometteur. De plus, Uranus mettra sur votre route des personnes très originales. L'amour sera partagé. Vous aurez des projets communs. Les attentions réciproques que vous aurez l'un envers l'autre renforceront votre lien. Ainsi, finalement, de très bonnes choses se prépareront dans votre signe, grâce à votre détermination et votre réactivité, pour vous donner au final en perspective un maximum de moments heureux !

NOVEMBRE

Remue-ménage planétaire, mais vous serez déterminé parce que vous voudrez obtenir quelque chose. Vous vous emploierez à fond à donner vie à vos projets, vos idées. Vous aurez toutes les qualités requises pour réussir et vous le saurez tout au long du mois ! Cependant, les influx en Scorpions vous donneront du fil à retordre. Vous devrez d'abord gérer les rigoureuses exigences de vos proches et vous trouverez toutes vos ressources, vos moyens, vos réponses dans les énergies qu'un Mars dynamisant déploiera pour vous. Mercure en Sagittaire éclairera vos pensées et facilitera tous types de conversations et d'échanges. Vous vous sentirez alors inspiré pour structurer et verbaliser des initiatives d'engagement. Mais Mercure rétrograde, risquera de brouiller ou compliquer certaines relations. Veillez alors à vous expliquer clairement et méthodiquement quant à vos décisions. Vous éviterez ainsi de basculer dans le malentendu regrettable et inutile. Choisissez d'office, en toutes circonstances, la coopération bienveillante. Pluton passera dans votre secteur conjugal, risquant de semer et multiplier, lui aussi, les embuches. Mercure pourra perturber le climat familial par des paroles incontrôlées. Tandis, qu'Uranus en Taureau vous brassera l'esprit en vous donnant l'intime conviction qu'il vous faudrait prendre des décisions, envisager des changements, sans r toutefois parvenir à les définir de manière précise. De plus, Uranus au carré de votre signe, provoquera des frictions professionnelles, surtout prenez du recul ! Rassurez-vous, la fin du mois se révèlera plus détendue sur le plan relationnel car Mercure, qui aura entre temps avancé en Sagittaire, rendra alors les échanges beaucoup plus harmonieux. Détendez-vous ! D'abord pour vous et pour vous attirer le Meilleur ! Vous vous montrerez largement à la hauteur. Et vous ne pourrez pas nier que vous aurez eu beaucoup de chance ! Les énergies en Sagittaire stimuleront et protègeront les choses du cœur. Vous aurez soif d'aimer, d'être aimé et de prouver votre sincérité. Saturne et Neptune en Poissons vous aideront finalement à structurer et finaliser les changements que vous pressentiez. Pendant les dix derniers jours du mois, les énergies en Capricorne faciliteront votre vie quotidienne. Vous vous acquitterez vaillamment de toutes vos obligations et missions avec talent !

DECEMBRE

Électron libre, vous prendrez de plus en plus votre indépendance ! Des évènements bouleverseront vos repères et donneront lieu à la concrétisation de nouvelles situations fructueuses. Vous serez ouvert à tout nouveau potentiel et vous donnerez le meilleur de vous-même. Vous aurez conscience d'être à un tournant majeur de votre évolution. Cette fin d'année sera marquée par les émotions intenses et une sublime créativité.

Les énergies en Sagittaire protègeront particulièrement votre vie amoureuse. Vous serez authentique et parfaitement sincère et vous montrerez la réalité de vos sentiments, sans limite. Saturne et Neptune en Poissons boosteront votre sensibilité et votre belle spontanéité plaira ! Parfaitement lucide, vous ne tomberez pas dans des pièges tendus par des concurrents ou des rivaux, car vous réfléchirez instinctivement à deux fois avant de vous engager. Vous aurez besoin de vous dépasser par des défis, des objectifs élevés enrichissants et gratifiants. Un contrat ou une association sera favorisée par l'énergie puissante de Pluton : vous saurez méticuleusement négocier !

Vous serez focus sur vos objectifs et particulièrement attentif, malgré les pointes de stress et la puissance de vos émotions affectives. Vous vous fixerez des buts bien définis, à très court terme. Pour cela, vous n'hésiterez pas à faire des listes détaillées de vos tâches quotidiennes à accomplir. Ainsi, vous ne louperez rien des opportunités et des possibilités potentielles. A l'approche des fêtes de fin d'année, vous multiplierez les pauses plaisir en compagnie de ceux que vous aimez. Vous n'aurez aucun mal à faire plusieurs choses en même temps, car votre attention surentrainée sera parfaitement opérationnelle et affirmera en vous une confiance absolue. Un immense réservoir d'idées s'offrira à vous. Votre destin suivra ! Vous aurez beaucoup de chance grâce à votre ambition naturelle et votre sens inné des responsabilités. Tout se déroulera en votre faveur, en particulier grâce à votre nature consciencieuse, intelligente et obstinée. En fait, vous ne lâcherez rien ! Vous vous appliquerez à réaliser chaque chose de son début jusqu'à sa fin, sans jamais moduler ni votre enthousiasme, ni votre savoir faire. Les résultats obtenus seront réjouissants !

Heureuses et Joyeuses Fêtes de fin d'année 2025 ! Excellente et rare année 2026 riche en surprises constructives !

VIERGE 2025

JANVIER

L'Amour sera votre préoccupation principale. L'atmosphère sera belle et romantique. En effet, les choses du cœur, les émotions, les sentiments monopoliseront vos pensées. Saturne, Neptune et Vénus dès le 3, vous sensibiliseront à l'idée de trouver enfin ou de prendre particulièrement soin de votre moitié. Vous serez particulièrement réceptif et tendre. Sur le plan affectif, vous guérirez de vieilles blessures et l'Univers vous apportera un véritable cadeau sous la forme d'une relation amoureuse fusionnelle. Vous mettrez toute votre énergie dans des perspectives d'engagement. Vous pourrez envisager de vous stabiliser sur le long terme. Ce sera le bon moment pour vous pour visualiser la personne de vos rêves. Vous aurez tous les moyens de « manifester » la personne ou la situation qui vous manque. Vous vivrez donc la passion sur du long terme. Votre cercle relationnel et amical s'agrandira et vous serez très attentif aux jugements de ceux qui vous entourent. Mercure, votre planète, tour à tour en Sagittaire, Capricorne et Verseau, vous boostera intellectuellement tandis que Jupiter favorisera votre carrière en vous protègeant contre les tensions potentielles au seing de votre équipe professionnelle. Votre loyauté instinctive, votre humour et votre diplomatie vous inspireront les réactions les plus perspicaces. Un accord avec une personne honnête va vous apporter un nouvel éclairage inspirant. Un accord ou un contrat qui vous passionne sera signé. Vous pourrez alors avoir des actions concrètes génératrices d'évolution. Vous trouverez un nouvel équilibre, vous serez dans l'évolution et la maîtrise. Vous ne craindrez pas de vous éloigner de contacts toxiques. Vous avancerez sereinement et vous célèbrerez la nouvelle réalité que vous avez longtemps espérée. Ce mois de janvier 2025 vous apporte le calme et vous permet un lâcher prise confortable. Vous commencez un nouveau cycle. Vous renaissez.

FEVRIER

Le travail ! Il ne sera question que de l'évolution de votre situation sociale.

Apaisement total car vos attentes seront satisfaites. Vous saurez prendre des décisions importantes. Il n'y aura pas d'incidence négative car le Ciel vous protège. Il y aura des accords, des compromis, des communications, positifs. Les énergies en Verseau : Soleil, Mercure et Pluton stimulent jusqu'au 15 une envie formelle de réussir, de vous surpasser, de créer, d'innover dans le cadre de votre profession. Tout vient à vous ! Un changement majeur émergera, du succès, des récompenses. Vous aurez l'art de vous renouveler sans cesse. Mars en harmonie, boostera vos actions. Vous serez dans la réflexion profonde. Vous maitrisez l'impatience. Vous vous recentrez essentiellement sur vous. Le mois est propice. Vous gagnerez sans cesse en maturité. Après le 15, vous signez un nouveau contrat ou une association. Jupiter célèbrera amplement votre évolution sociale. Vous agirez méthodiquement. Dès le 4, Vénus vous facilitera les rentrées d'argent et vous dotera d'un exceptionnel charisme. Sur le plan amoureux, vous serez sur de votre choix. Vous vous poserez des questions, vous voudrez consolider ou commencer quelque chose de très important et significatif pour vous. Vous aurez le sentiment d'avoir trouvé votre âme sœur. La situation deviendra fluide, vous trouverez des solutions, vous pourrez établir des bases officielles et durables. Vous vous exprimerez clairement. Vous direz vos sentiments sincèrement. Vous avancerez méthodiquement, une étape après l'autre. Vous formulerez clairement vos priorités. Vous prendrez votre temps pour construire solidement votre monde idéal. Vous êtes sur votre chemin d'évolution.

MARS

Nouvelle intensité relationnelle pour vous en ce mois ! Vous serez très entouré. Jusqu'au 20, le Soleil mettra en lumière la personne que vous aimez, et vous établirez de meilleurs rapports avec vos interlocuteurs professionnels. Vous aurez besoin d'échanger de façon sincère et intense. Vous mettrez des choses essentielles, votre cœur, dans vos mots, même s'ils sont simples. Mercure, votre planète, en Bélier du 3 au 28 et rétrograde le 15, vous inspirera une communication subtile, très réfléchie, posée, pensée minutieusement. Vous serez reconnu comme celui ou celle qui tient parole. Le 20, quand le Soleil passera en Bélier ainsi que Vénus le 2, vous veillerez à équilibrer vos relations. Sur le plan amoureux, vous voulez entretenir des rapports sains, parfaitement sincères. Vous ne connaissez pas le mensonge. L'amour sera là et puissant. Vous êtes capable de donner le meilleur de vous-même, mais vous voulez que votre interlocuteur soit authentique. Sinon, vous refuserez toutes formes d'échanges. Vous voulez connaitre, avec raison, tous les tenants et tous les aboutissants de chaque situation. Surtout, dans un duo amoureux ou énergétique. Il en sera de même sur le plan social. Vous verrez d'heureux changements prendre place dans votre évolution professionnelle. Vous ferez de bons choix. Vous pourriez même guider une personne en manque de discernement, bloquée. Vous lui donnerez un éclairage nouveau et pertinent. Vous la dirigerez vers des issues positives. Jupiter augmentera la cadence dans votre travail. Vous saurez réagir avec élégance, intelligence et humour. Vous atteindrez vos objectifs méthodiquement. Mars agrandira vos réseaux, étendra vos contacts, vos fréquentations. On vous fera confiance car on reconnaitra en vous un personnage fiable et vrai. Vous êtes stable et réfléchi, patient et diplomate. Vous ne précipiterez rien, vos émotions seront naturelles et pures. Vos qualités humaines sont rares et précieuses.

AVRIL

Le Soleil et Neptune en Bélier vous donneront envie de suivre vos rêves, sans limite, et vous vous accorderez le droit d'être pleinement vous-même. Vous serez déterminé à vous engager dans de nouvelles aventures. Vous ferez confiance à vos désirs et à vos visions. Rien ne pourra vous arrêter et vous allez co-créer avec les forces de l'Univers. Vous serez fidèle à ce que vous valoriserez ! Votre planète, Mercure, face à vous du 1er au 15 (et direct le 7) mettra vos relations sur le devant de la scène. Toutes vos pensées seront accaparées par les émotions. Vous aurez besoin de sentir votre cœur s'illuminer et vibrer. Vous resterez fidèle à vos désirs et tout va prendre forme. Vous prouverez votre vérité, votre stabilité, vos sentiments, votre authenticité. Vous aurez aussi envie de construire et de consolider sur le plan affectif. Vous vivrez une connexion très forte, hors norme. Vous vous exprimerez en pleine authenticité, et vous n'hésiterez pas à déclarer, affirmer, prouver vos sentiments. Vous vous ouvrirez en toute simplicité. Vous voudrez avoir les bonnes solutions et vous serez prêt à apprendre et à évoluer pour cela. Une porte s'ouvrira, vous vivrez mieux les choses du cœur parce que vous les vivrez à fond, vous chasserez les peurs et les doutes. Vous deviendrez plus puissant et meilleur chaque jour. Vous serez dans la gratitude de recevoir cette nouvelle lucidité. Vous aurez besoin d'officialiser une vraie relation. Le 16, Mercure passera en Bélier, provoquant alors des tensions, des conflits, et vous réussirez à faire tomber les barrières et à tout régler à votre avantage. Vénus et Saturne en Poissons vous inspireront la patience, la diplomatie, la sagesse. Vous saurez réagir rapidement pour équilibrer les situations en péril. Mars stimulera vos projets professionnels avec beaucoup de subtilité. Un véritable changement constructif et stabilisateur se positionnera clairement pour vous à partir du 19. Vous aurez le plaisir de constater que vos attentes seront en voie de réalisation. Vous verrez de belles propositions venir vers vous. Vous aurez le plaisir de constater avec certitude que vous vous trouverez alors en bonne position pour faire avancer vos projets les plus ambitieux.

MAI

Que d'émotions pures, que de passions, que de forces, chères Vierges ! Vous vous lâchez ! Le Soleil et Uranus en Taureau vous donneront un tempérament puissant qui vous inspirera une confiance en vous inconditionnelle. Mercure, votre planète, passera en Bélier, Taureau et Gémeaux, et vous inspirera une adaptabilité salutaire qui vous permettra de passer dans toutes sortes de situations ambiguës ou complexes. Vous tirerez un trait sur les obstacles, vous vous ferez respecter. Les changements ne vous intimideront pas. Vous communiquerez harmonieusement et spontanément. Mercure et Neptune vous sensibiliseront à l'invisible, l'intangible, l'irrationnel. Vous pourriez alors recevoir des révélations, des informations, inattendues et formelles qui vous impressionneront par leur précision. Mars en Lion vous ouvrira toutes les portes. Rien ne vous limitera, ne vous enfermera. Vous pourrez avancer à votre rythme et à votre guise. Vous fonctionnerez en alignement avec vos ressentis, en parfait accord avec vos valeurs. Superbe renouvellement d'énergie ! Vous libérerez vos paroles, vos idées. Vous serez vous-même. Vous tiendrez tête et ne subirez rien contre votre gré. Vous vous sentirez bien. Dès le 20, le Soleil et Jupiter en Gémeaux, glorifieront votre ambition. Vous serez focus sur votre évolution professionnelle, votre carrière sera votre objectif premier, et vous évoluerez comme un bulldozer. Vous obtiendrez des avantages financiers. Pluton transformera votre quotidien en vous donnant la force et la volonté de vous éloigner de ce qui vous dérange ou vous nuit. L'Amour sera pur et cristallin ou ne sera pas !

JUIN

Vous poserez les émotions, les désirs, les attentes qui compteront le plus pour vous. Vous vous sentirez prêt à affronter tous les obstacles potentiels capables de se présenter. Vous n'étoufferez pas vos ressentis, quel que soit le domaine qui vous intéressera. Vous vous exprimerez ! Vous tiendrez d'une seule main les obligations que vous serez sensé gérer et contrôler. Le Soleil, Mercure et Jupiter en Gémeaux, favoriseront particulièrement votre parcours professionnel. Il y aura des signatures, des choses matérielles se mettront en place. Votre évolution financière et sociale occupera le centre de vos pensées. Après le 9, Mercure et Jupiter en Cancer vous inciteront à envisager de nouveaux projets très ambitieux. Vous voudrez l'abondance, et vous penserez et vibrerez l'abondance ! Il en sera de même sur le plan affectif, si vos besoins seront ceux du cœur. Vous aurez désormais besoin d'évoluer avec des personnes qui penseront et agiront en harmonie avec vos croyances et vos valeurs. Vous ne voudrez plus porter de masque ! Vous aurez besoin d'échanger avec les esprits qui vous renverront des énergies similaires aux vôtres. Saturne et Neptune en Bélier vous inspireront de judicieux placements financiers. Vous aurez foi en vos projets, en votre parcours, en vos attentes, de tous ordres. A vous de ressentir, à vous de choisir ! Vous serez déterminé à aller jusqu'au bout. Uranus vous portera vers l'incroyable concrétisation d'un idéal. Vous vous surpasserez pour atteindre vos sommets. Et vous avancerez, vous évoluerez ! Vous serez fier de vous ! Mars en Lion vous donnera tous les feux verts sur la deuxième moitié du mois. Chaque pas en avant sera positif et définitif. Vous ne perdrez pas votre temps, vous centrerez vos énergies sur des objectifs rigoureusement choisis par vos soins. Votre ambition vous permettra systématiquement de passer à l'action. Vous ne vous poserez plus de question, vous vous écouterez, vous franchirez méthodiquement les étapes.

JUILLET

Vous vous concentrerez étroitement sur tout ce que vous voulez accomplir dans tous les domaines de votre vie. Pendant la première moitié du mois, vous privilégierez les contacts et même devant certaines évidences, vous éviterez le refus frontal. Vous choisirez d'aborder chaque chose avec douceur. A l'aise, tranquille avec vos principes, vous ferez aboutir vos négociations, vos démarches, en évitant les positions radicales. Et les choses avanceront ainsi de façon fluide. Vous temporiserez systématiquement ! Pour vous ménager, ce sera vous d'abord, avec le sourire, et vous ferez ainsi les meilleurs choix. Ce mois sera globalement un mois de victoires ! Sachez que si vous désirez quelque chose d'important, vous l'obtiendrez ! Succès, renommée, maitrise, vous aurez en mains ce qu'il vous faudra. Vous ferez face à toutes difficultés. Mars dans votre signe consolidera votre confiance en vous, votre enthousiasme, et votre dynamisme vous permettra d'être à la hauteur de toutes vos espérances. Le Soleil et Jupiter en Cancer, multiplieront les réunions avec vos amis, vous sauterez sur les opportunités pour mettre en route des projets. Le 22, quand le Soleil passera en Lion, vous aurez besoin de vous libérer de toutes formes de contraintes pour vous accorder du temps et du repos. Mercure en Lion rétrograde vous recentrera sur vous et vous vous détacherez de l'extérieur pour vous rapprocher de vos besoins. Vous rechercherez même la solitude, pour méditer, réfléchir, vous retrouver au plus profond de vous-même. Ce sera pour vous une phase d'intériorisation intense qui fera office de catalyseur de vos pensées et besoins pour vous permettre de faire émerger de nouveaux objectifs. Saturne et Neptune feront surgir une vague importante de changements salutaires. Vous vous libérerez de certains anciens blocages. Vous réformerez radicalement votre évolution professionnelle. Vous éviterez l'éparpillement stérile. Vous canaliserez méthodiquement vos énergies. Et vous ne lâcherez rien ! Ainsi, le rythme s'accélèrera à votre convenance. Vous aurez même des inspirations de génie ! Vous vous sentirez particulièrement inspiré et sur de vous. Vous tenterez de formidables expériences, complètement inédites pour vous et totalement inspirantes et stimulantes. Le plan affectif sera réconfortant. Vous respirerez à pleins poumons ces nouvelles poussées d'énergie et utiliserez votre bon sens et continuerez à entretenir régulièrement vos efforts. Vous ferez méthodiquement en sorte que tout ce qui devra être fait, le soit le mieux possible !

AOUT

Vos stratégies seront bonnes ! Vous vous activerez ! Vous laisserez vos intuitions guider l'instant. Vous vous sentirez bien là où vous serez, vous vous réaliserez ! Vous pourriez aussi officialiser une relation amoureuse existante. Ce sera le saut de la foi ! Paix et ouverture du cœur ! Une transformation imposante suivra l'axe exact de vos souhaits. Même le travail sera source de plaisirs ! Vous vous écouterez et vous agirez dans votre sens. Profitez, la voie sera libre en matière d'introspection et de défis professionnels ! Vous n'attendrez pas, vous tenterez, vous lâcherez prise ! Vous serez en paix, connecté avec vos émotions, en écoutant vos sentiments. Vous rechercherez votre paix, votre joie. Vous irez vers ceux qui vous ressembleront, créatifs, positifs. Vous vous choisirez, grâce aux énergies en Lion. Mercure rétrograde vous imposera la patience. Pluton dans votre secteur professionnel, vous invitera à innover. Vous aurez un besoin d'authenticité dans votre travail. Il y aura des collaborations nouvelles, qui vous nourriront intensément. Uranus génèrera une rencontre prédestinée qui vous ouvrira de nouvelles portes, capables, d'envisager, de changer et d'améliorer votre expérience professionnelle. Vous saurez faire, être, vous former à de nouvelles connaissances. Vos amis vous soutiendront. Vous pourrez vous accorder de délicieux moments de détente et d'harmonie en cette pleine période estivale. Vous vous amuserez et vous récolterez ainsi beaucoup d'entrain et de sensation de profond bien-être. Mars chez vous dynamisera physiquement, vous procurant une puissance d'action qui aura une incidence certaine constructive sur votre carrière, votre créativité. Vous augmenterez vos revenus. Tout ce que vous aurez à faire sera de vous concentrer en toute simplicité sur tout ce qui vous sera positif. Vos vœux se réaliseront ! Vous vous laisserez emporter par la douceur de l'été 2025. Les évènements vous viendront au bon moment et vous flotterez dans la confiance ! Et en retour, on vous fera une confiance absolue !

SEPTEMBRE

Votre intelligence vous préservera des mauvaises potentialités. Tout va s'accélérer, les résultats seront là, car vos compétences et votre combativité ont été renforcées. De nouvelles ambitions nécessaires vous boosteront, vous bousculeront ! Vous vous connaitrez autrement. Vous vous sentirez dans une bonne énergie. Cette rentrée vous maintiendra dans une profonde et précieuse introspection. Ainsi, vous protégerez et murirez vos réflexions. Vous ferez vos bilans et vous débloquerez ainsi sur vous une énergie de chance. Vous ne refuserez pas d'aller vers vos passions. Pas d'excuse ! Vous en aurez besoin ! Les décisions deviendront possibles et concrètes sur la fin du mois. Vos intentions vous porteront vers votre évolution. Vous polirez vos talents. Vous prendrez en considération toutes les possibilités, toutes les potentialités qui vous parleront. Tout sera possible ! Et vous réfléchirez à votre rythme avant de prendre vos décisions. L'énergie changera et sera de plus en plus compatible avec vos ressentis et vos projets. Mars chez vous, vous reconnectera à votre feu intérieur. Vous décollerez sans rien précipiter, en plein accord avec vous-même, votre mission de vie ! Les planètes vous permettront de peser le pour et le contre minutieusement avant d'agir. Jupiter exaltera vos besoins d'action.

Prenez systématiquement le temps de vous sentir prêt. Evitez de mélanger la sensibilité et le travail. Uranus ouvrira vos perspectives sur le long terme. Vous visualiserez votre évolution, les aspirations qui vous projetteront sur de nouveaux territoires. Vous serez attentif à votre vie amoureuse, que vous protégerez de tout votre amour le plus pur. Vous serez pétri de douceur et de tendresse. Vous oserez si vous le sentez ! Comme vous rêverez, vous allez devenir ! Vous serez votre propre puissance créatrice ! Vous serez rapide et intuitif. Vous vous accorderez les miracles dont vous aurez besoin car vous pourrez aller aussi loin que nous le désirerez !

OCTOBRE

Vous travaillerez à fond et encore plus que d'ordinaire ! Une situation professionnelle qui trainait, s'améliorera avec un impact positif sur les finances. Vous entretiendrez tout au long de ce mois d'Octobre 2025 un esprit libre et apaisé. L'aspect financier de votre vie passera au premier plan. Le Soleil, Mercure et Vénus en Balance, vous inspireront des besoins pratiques, matériels. Vous serez concentré sur vos rentrées d'argent, vos investissements, vos contrats. Vénus dans votre signe sublimera votre charme, votre douceur, votre aura. Vous serez délicieusement attentionné et bienveillant envers ceux qui vous sont chers. Mars en Scorpion consolidera votre moral et votre endurance. Vous vous sentirez guidé dans vos décisions et vos choix. Vous recevrez des signes, des synchronicités. Vous saurez clairement quel chemin adopter, en pleine conscience. Vous vous sentirez en sécurité en vous choisissant, en suivant vos ressentis. Vous serez un expert dans votre domaine. Tout sera clair à l'intérieur de vous, et vous accueillerez ces évidences. On pourra compter sur vous. Vous ne vous concentrerez que sur des projets parfaitement conçus par vous et sérieux à vos yeux. Vous ne vous galvauderez pas dans des pertes de temps inutiles. Neptune, rétrograde, vous placera devant une leçon de vie sur le plan amoureux. Vous pourriez vous retrouver face à un conflit, mais ces tensions seront presque nécessaires pour rééquilibrer votre lien. Uranus compliquera le plan professionnel. Vous ferez entendre votre voix. Vous serez prêt à affronter l'inattendu et vouss redresserez ce qui sera nécessaire.

Vous vous montrerez tel que vous serez. Vous penserez fort à ce que vous voudrez, sans cesse ! Vous inspirerez confiance grâce à vos immenses compétences. Vous serez initié à une immense sagesse. Vous choisirez de parier sur de nouvelles perspectives, qui vous plairont, vous interpelleront, qui vous nourriront, qui vous rendront vivant. Vous ne manquerez pas d'avouer vos émotions ! Parce que cela vous fera du bien !

NOVEMBRE

Focus sur votre vie sociale ! Vous n'hésiterez pas à prendre le commandement des opérations. Il le faudra ! Lucidité et combativité obligent ! Vous sortirez de vos limites car un flot d'énergies positives et bienveillantes vous attendra si vous osez ! Et vous le ferez ! Vous ferez le tri et vos choix seront inspirés. Vos intuitions, vos idées, votre instinct, seront bons, comme la chance, qui sera parfaitement adaptée à votre situation. Le Soleil, Mars, Mercure, Vénus en Scorpion magnifieront votre vie sociale. Vous récolterez des récompenses, des ovations, des reconnaissances officielles. Vous vous déplacerez. Jupiter vous soutiendra et vous facilitera la vie sur le plan amical, relationnel, attirant sur vous des personnes fiables et sincères. On viendra vous chercher ! Cadeaux de la vie ! Vous vous sentirez bien. La vie amoureuse, malmenée par Saturne et Neptune nécessitera votre participation active à la volonté de préserver votre univers affectif. Vous consoliderez votre histoire, vous donnerez des preuves de votre sincérité, de votre loyauté. Vous agirez pour protéger votre rêve amoureux, précieux à vos yeux et peut être quelque peu malmené par un manque de temps ou de disponibilité occasionné par l'ampleur de votre vie professionnelle. Vous ferez tout pour vous sentir en paix et en joie sur le plan amoureux. Vous relèverez le challenge car vous serez authentique et crédible. Le cœur sera là, bienveillant, et remettra les choses à leur bonne place. Vous passerez ainsi un cap qui consolidera encore plus votre union. Pluton stimulera les possibilités de changement très avantageuses sur le terrain professionnel. Il pourra y avoir une très belle surprise dans le sens de votre idéal de vie. Vous serez de taille à gérer tout ce qui sera essentiel à votre vie. Vous règlerez les détails, vous ferez systématiquement obstacle au pessimisme, vous resterez vaillamment aux commandes ! Vous serez vrai et vous intimerez l'ordre aux frustrations et aux tensions de s'envoler ! Ne tiendra qu'à vous ! Tous vos échanges vont gagner en authenticité.

DECEMBRE

Vous entrerez dans un cycle fulgurant de consolidation affective ! Vous constaterez que tout sera possible et que vous serez capables de tout ! Simplement, vous avancerez, mettrez un pas en avant de l'autre, une journée à la fois, une heure à la fois, un précieux moment présent à la fois. Rien ne vous arrêtera ! Il y aura quelques détails à régler. Il y aura des défis que vous serez obligé d'affronter. Plus vous approcherez de la fin de l'année, plus vous arriverez vers un équilibre agréable et chaleureux sur le plan affectif. Les énergies en Sagittaire stimuleront l'amour. Une tempête émotionnelle vous montrera votre vérité en face. Vous choisirez, vous aimerez, vous respecterez avant tout votre foyer. Votre boussole intérieure vous guidera inéluctablement vers votre vie amoureuse devenue plus précieuse que jamais. Il y aura beaucoup de jalousie autour de votre famille, de votre couple. Vous saurez déjouer les mauvais regards. Mercure en bel aspect vous aidera à vous affirmer, vous positionner, intellectuellement.

Vous saurez préserver votre susceptibilité. Jupiter en Cancer protègera vos projets de tous ordres. Saturne et Neptune face à votre signe vous rendront conscient de ce qu'il vous faudra remanier ou transformer.

Votre objectif premier sera de préserver une stabilité indestructible avec votre autre. Vous passerez ces fêtes de fin d'année 2025 dans une atmosphère de joie, d'amour et d'équilibre parfait. Vous serez comblé de douceur et de tendresse, comme vous comblerez ceux que vous aimez !

Très heureuses et bienveillantes Fêtes de fin d'Année et Merveilleuse Année 2026, pleine d'amour et de joie, qui attirera sur vous la magie positive.

BALANCE 2025

JANVIER

Un début d'année compliqué qui demandera une grande volonté d'action et une âme conquérante. Au carré de votre signe, les énergies provenant du Capricorne, soleil jusqu'au 19 et Mercure du 8 au 28, ne vous feront pas la tâche facile. Jupiter en bel aspect vous soutiendra et vous aidera à préserver intact votre idéal et à diriger sur vous des aides insoupçonnées. De plus, Mars en Cancer du 6 au 31 renforcera votre besoin de vous surpasser. Vous chercherez à aller mieux ! Vous réaliserez un tour de force professionnel et démontrerez ainsi l'amplitude de vos potentiels professionnels. Votre vie privée dès le 3 vous offrira un doux refuge contre les agressions extérieures. Pour désamorcer immédiatement les tensions, vous vous servirez de votre diplomatie légendaire et de votre bienveillance envers les autres comme envers vous-même. Vous serez capable de tout remettre en question et de laisser derrière vous des difficultés anciennes. Vous aurez envie d'avancer et de vous assurer une abondante stabilité. Vous chercherez à avancer vers ce qui vous correspond le mieux. Vous aurez conscience de votre besoin de passion sans laquelle vous vous sentez dans une situation incomplète et insatisfaisante. Vous ferez en sorte de ne pas aller trop vite. Il y aura des choses à faire, à dire, et vous engagerez ainsi des actions nécessaires. Votre ambition aura besoin de grandir et de dépasser vos limites. Les énergies seront électriques car vous voudrez assainir votre vie. Sur le plan affectif, vous chercherez un nouveau départ qui représentera pour vous une renaissance, une véritable opportunité, avec des liens puissants et authentiques. Vous n'aurez pas de demies-mesures. Vous aurez besoin de tout renouveler en respectant vos véritables besoins et désirs. Vous vous sortirez de ce qui ne vous convient plus. Vous irez de l'avant, vous verrez votre vie sous un nouvel angle, vous traverserez une véritable crise existentielle, totalement à l'écoute de votre voix intérieure pour échapper définitivement à toute souffrances issues du passé. Votre motivation surhumaine vous permettra de générer les bonnes actions. Ce sera la reconnaissance, le succès, l'évolution pour couronner votre parcours et prouver, surtout à vous-même, la qualité de vos actions et de vos valeurs. Il y aura du mouvement, et peut-être même un déménagement.

FEVRIER

Un mois consacré à l'Amour ! Vous vous guérissez d'erreurs commises par vous ou les autres. Vous tirez l'expérience d'anciennes épreuves. Vous vous focalisez sur vous, votre monde intérieur, et le pouvoir sera entre vos mains. Ainsi, votre monde va changer. Vous vous apaiserez. Arrivera ou se concrétisera alors un lien d'âme. Quelqu'un pourrait revenir vers vous ou vous reviendrez vers quelqu'un, après une remise en question profonde. Vous serez averti, vous ressentirez en vous-même l'importance particulière d'une situation. Le Soleil, Mercure et Pluton bien aspectés pour votre signe, vous apporteront des moments d'émotions intenses. Vous serez sollicité. La communication s'activera dans tous les sens. Vous aurez le don subtil de l'échange. Votre intelligence et votre charme vous inspireront les meilleures actions et réflexions. Vous rassemblerez beaucoup de monde autour de votre personne. Après le 18, le plan professionnel occupera la première place dans vos pensées. Vous canaliserez toutes vos énergies sur vos projets. Vous assumerez vos tâches avec conscience et professionnalisme. Vous accepterez d'assumer des responsabilités supplémentaires. Vous vous sentirez porté par le Soleil, Mercure et Saturne qui éclaireront votre route et votre évolution. Vous allez construire. Vous aurez un rôle important à jouer et vous saurez exactement ce que vous devrez mettre en place. Mars en Cancer nourrira votre ambition, votre confiance en vous, votre désir, vos intentions. Beaucoup d'intervenants extérieurs seront envieux de vos capacités et de vos résultats. Vous ferez face en vous recentrant sur vous et en ignorant les tentatives de déstabilisation. Vous ne vous détacherez pas de vos objectifs. Votre moi supérieur vous guidera et vous ne douterez de rien. Vénus, à partir du 4, sublimera les choses du cœur. Toutes vos relations seront exaltantes et passionnantes, vous vous sentirez bien dans vos vibrations, des choses arriveront et vous bouleverseront pour le meilleur. Vous augmenterez vos énergies, et cette évolution va générer des évènements nouveaux et supérieurs en puissance. Vous ouvrirez ainsi de nouvelles portes dans votre esprit. Vous basculerez dans un nouveau mode de vie. Vous serez ouvert à l'amour inconditionnel, à l'abondance et vous les recevrez comme une victoire.

MARS

Vous serez particulièrement concentré et focus sur vos dossiers grâce au Soleil en Poissons (ainsi que Saturne et Neptune) jusqu'au 20. Particulièrement inspiré, vous abattrez un maximum de tâches avec talent et créativité. On reconnaitra officiellement la qualité de vos capacités. Votre cœur est grand ouvert et vous dégagez une énergie magnifique ! Tout deviendra beau dans votre vie, car vous vous sentirez parfaitement en harmonie dans vos choix, vos actions, vos décisions. Mars en Cancer dans votre secteur professionnel vous soutiendra et installera en vous la confiance. Soyez fier de vous ! Vous serez capable de mener à bien toutes sortes d'actions, même inattendues, mêmes improvisées. Vous serez réactif et efficace sur tous les fronts. Vous ne vous économiserez pas et vous accumulerez les réussites. Vous atteindrez infailliblement vos cibles. Des personnes jalouses pourront avoir des réactions déplacées ou pesantes qu'il ne faudra, bien sur, pas prendre en compte. Travaillez sur vous à vous protéger des mauvais regards, des mauvaises intentions. Vous avancerez sur le chemin de votre évolution. Le Soleil, Mercure et Vénus en Bélier permettront à votre vie amoureuse de s'accomplir comme vous l'espérez. Vous attirerez vers vous les meilleures personnes qui auront sincèrement envie et besoin de partager de vraies émotions avec vous. On vous contactera pour vous proposer des accords, des échanges, des rencontres. On cherchera à vous approcher. Votre personnalité bienveillante et hyperactive inspirera une confiance absolue à vos interlocuteurs. La communication tourne à plein régime et vous apportera beaucoup de réjouissances. Vous aurez l'art naturel et unique de vous exprimer avec les meilleurs arguments. Avec vos mots, vous aurez le pouvoir de transfuser la force et la sérénité à tous ceux qui vous entoureront. Vous vous exprimerez, vous passerez à l'action, en suivant fidèlement vos plans, tout en respectant vos intérêts. Cependant, Vénus rétrograde vous rendra suspicieux vis-à-vis de certaines personnes proches. Vous devrez décider de lâcher prise pour ne pas risquer de vous assombrir psychologiquement. Ne vous égarez pas inutilement dans des préoccupations vaines. Vous trouverez finalement la bonne façon d'éradiquer d'office les leurres toxiques pour vous consacrer complètement à vos objectifs essentiels.

AVRIL

Le Soleil et Neptune en Bélier, vous encourageront à suivre vos instincts, vos désirs, vos rêves. Vous souhaiterez discuter avec un personnage importante pour vous. Il y aura un compromis. Vous aurez le sentiment de sortir d'une part d'ombre pour avancer dans la Lumière. Quelque chose que vous n'attendez pas va se mettre en place. Ne vous impatientez pas ! La joie la plus complète arrive sur vous. Soyez confiant ! Mercure vous inspirera de communiquer essentiellement sur un mode intuitif. La joie que vous procure votre confiance en vous, vous pousse en avant. Vos amis, relations, connaissances, se sentiront attirés par vous et vos projets géniaux. Vous ne vous laisserez pas ralentir par des personnes ou des évènements. Avec Vénus en Poissons, vous vous sentirez dans une union puissante pour agir. Vous aurez envie de vous unir à quelqu'un qui en aura également le désir. Mars placera les bonnes opportunités sur votre route, pour que vous puissiez avancer comme vous en aurez l'instinct et le besoin. Vous n'aurez aucun mal à vous exprimer, avec votre certitude et votre passion. Vous ne poserez pas de limites à vos efforts, vos investissements. Vous serez incorruptible et infatigable ! Vous vous sentirez guidé. Vous transmettrez autour de vous une énergie lumineuse et beaucoup feront appel à vos conseils. Le plan professionnel suivra le meilleur chemin possible, car vous serez en voie d'accomplissement. Les étapes se succèderont naturellement, les portes s'ouvriront, les rencontres providentielles se feront. Il n'y aura pas de blocage ! Il y aura votre besoin viscéral d'avancer comme vous le sentez. Sans l'aval de personne ! Vous escaladerez votre montagne !

MAI

Vous allez vous servir de votre talent inné d'introspection, de patience, d'équilibre. Vous monterez en fréquence avec de plus en plus de créativité et d'inspiration. Vous saurez communiquer avec n'importe quel type d'interlocuteur. Vous saurez comprendre et vous faire comprendre, dans n'importe quelle situation. Jupiter vous inspirera des prises de décisions radicales, que vous mettrez en place confortablement, sans vous bousculer, sans bruler les étapes. Vous serez dans un processus irréversible de transformation sérieuse. Vous aurez le sentiment de comprendre avec précision de plus en plus d'éléments que vous aviez l'impression de voir tourner en boucle. Vous débloquerez, assainirez des situations. Vous vous libèrerez de toutes sortes de chaines. Vous croirez en votre pouvoir, en vous, en vos idées. Vous recevrez une excellente nouvelle à partir du 20. Vous vous réjouirez car cette avancée vous aidera considérablement à progresser comme vous l'espériez. Tout sera alors multiplié : l'argent, les contacts, le travail, les relations amoureuses. Ce sera un mouvement global d'agrandissement et d'ouverture, totalement novateur, durable et stable. Vous aurez la possibilité de vous connecter à de nouvelles énergies inspirantes, puissantes et motrices. Mars renforcera vos liens amoureux et amicaux, comme vos projets de tous ordres. Vous serez dynamique et volontaire et beaucoup de personnes dans votre entourage chercheront à vous suivre ou vous approcher pour glaner vos conseils. Mercure, Vénus et Neptune embelliront jusqu'au rêve, toutes vos connexions relationnelles, amicales ou amoureuses. Vous vivrez des liens d'âmes exceptionnels qui vous éblouiront d'émotions sincères. Vous aurez envie de vous engager. Vous serez fait de bienveillance et de de chaleur humaine. On vous fera entièrement confiance. Pluton en Verseau vous aidera à vous décider définitivement sur d'anciennes relations toxiques que vous aviez des scrupules à éradiquer de votre cercle relationnel. Vous n'aurez plus d'état d'âme sur le sujet et vous prendrez le parti de vous choisir une fois pour toutes. Sans aucun regret !

JUIN
  Vous ne saurez plus à quoi donner la

priorité ! Un courant vous appellera et vous lui répondrez ! Vous recevrez une bonne nouvelle, une proposition, une réconciliation, une invitation. Vous aurez besoin d'aérer votre esprit avec un oxygène pur et neuf et ce climat de bénédictions va vous permettre de vivre une très agréable période aux multiples possibilités. Vous aurez l'embarras du choix ! Vous aurez un tri catégorique à faire. Quelque chose au fond de vous vous donnera des informations, des solutions. Il y aura des choses concrètes à fêter ! Vous poserez vos limites, vous vous affirmerez, pour évoluer. Le Soleil, Mercure et Jupiter en Gémeaux, feront naitre nettement en votre esprit, des projets ambitieux et précis qui vous permettront de récolter. Vous vous positionnerez pour prospérer à long terme. On voudra s'engager avec vous ! Vous irez vers la stabilité en sortant totalement de la routine. Vénus, votre planète, en Bélier, favorisera et illuminera votre vie amoureuse. Quelqu'un que vous attendiez pourrait revenir. Une rencontre pourrait surgir. La Destinée ! Il faudra vous laisser guider par votre cœur, être là où vous aurez de la passion, de l'envie. Vous vous affirmerez !

Les bons évènements viendront à vous en abondance. Une belle déclaration, une proposition exceptionnelle arrivera, imposante, impressionnante. Il y aura une sorte de conflit intérieur, car vous aurez la sensation de tourner le dos à une partie de votre vie. Peut être aurez vous-même peur de ne pas réussir à faire assez bien ! Mais vous vous sentirez vite libre, de vous déplacer, de décider, car tout ne dépendra que de vous ! Mars vous rapprochera des autres, avec des projets, des amis, et vous irez vers des situations prometteuses et épanouissantes. Bonheur et joie ! Vous passerez aisément à l'action, vos actions seront fluides, évidentes, grâce à votre talent, votre créativité fertile. Vous agirez avec assurance et intuition. Saturne et Neptune dynamiseront les contacts, les rencontres, les révélations amoureuses sincères et attentionnées. Il y aura un climat authentique, rempli de positivité. Vous passerez au premier plan et vous ne vous contenterez plus jamais de ce que les autres voudront bien vous accorder. Vous travaillerez beaucoup, de tout votre cœur, et vous récolterez en conséquence. Pluton posera devant vous des passages à l'action incontournables que vous saurez gérer d'une main de maître.

JUILLET

Réjouissez-vous, voilà un passage rare ! Le mois sera tourné vers la communication. Vos amis, partenaires ou associés, ceux que vous aimez ou appréciez, marcheront à vos côtés ! N'en doutez pas et ne soyez pas timide dans l'expression de vos émotions. Vous serez rassuré et encouragé par le soutien indéfectible et la bienveillance de ceux qui vous entoureront. On vous fera confiance, on croira en vous, on misera spontanément sur vous et vos idées géniales gorgées de lumière et de bonté. On aimera votre écoute patiente et votre empathie. Vous vous sentirez solide et stable. Saturne et Neptune face à vous révèleront des relations vraies et parfaitement authentiques. Les planètes en Cancer renforceront votre ambition. Vous n'aurez pas de limite à vos rêves. Cependant, ne précipitez rien ! Fonctionnez à votre rythme. Mars en Vierge vous invitera à donner essentiellement de votre temps et de votre attention aux autres ! Vos actions seront précises et orientées vers l'aide et le soutien. Vous vous sentirez de taille à prodiguer tout l'amour, la compassion, la compréhension que vous pourrez donner sans aucune attente en retour. Vénus, votre planète, rejoindra Uranus et vous motivera à bouger, à voyager, à vous déplacer pour réaliser vos plans. Sur le plan affectif, vous aurez le sentiment d'avoir atteint un idéal que vous espériez depuis toujours. Vous vous sentirez en parfaite harmonie avec votre partenaire, en pleine fusion, en totale complémentarité. Le Soleil et Mercure en Lion sublimeront vos relations du cœur, amoureuses ou amicales. Vous évoluerez dans un climat de franche bienveillance qui vous mettra dans vos meilleures dispositions intellectuelles. Vous vous sentirez ainsi stimulé dans tous vos projets. Pluton soutiendra votre magnifique métamorphose. Vous serez une pépite de créativité et d'émotions sincères. Vous allez créer votre monde, en accord avec vos valeurs et les besoins réels de ceux qui auront la chance de vous croiser. Vous serez inspiré par les forces positives d'en-haut et rien ne vous découragera dans vos actions. Vous saurez faire le tri sans regret dans vos relations et vous ne vous laisserez pas approcher ou dissuader par des opportunistes. Un projet particulier, humanitaire, social, émergera et vous saurez vous donner les moyens d'agir et d'organiser minutieusement sa mise en route. La période sera tout à fait propice pour cela ! Aussi, vous éradiquerez, sans hésitation, toutes pensées ou personnes négatives susceptibles de vous freiner. Vous déciderez et choisirez en pleine conscience, d'être fort, souple et volontaire.

AOUT

Reconnaissance sociale ! Le courant vous portera encore en avant et vous donnera tous les moyens d'agir et d'aboutir selon vos perspectives qui vous seront dictées par la volonté de l'Univers lui-même ! N'hésitez pas à donner de l'Amour ! Vous partirez d'un principe simple : vous croirez, fermement et toujours, que vous pourrez tout réaliser ! Ceux qui seront encore célibataires feront à coup sûr une très belle rencontre avant la fin de ce mois d'Aout 2025. Quelque chose d'immense et de beau guidera inéluctablement et apaisera l'intérieur de votre âme. Ce mois sera donc essentiellement encore tourné vers le relationnel ! Les planètes en Lion doperont vos échanges, vos contacts. Ce sera votre moment ! Vous vous sentirez à votre place ! Vous serez très entouré. La communication sera facile. Mars, chez vous, nourrira votre enthousiasme et votre dynamisme contre toutes épreuves potentielles possibles. Vous serez réellement protégé ! Votre vie amoureuse, elle aussi, se fortifiera et décuplera sa puissance. Saturne et Neptune dans votre secteur rattaché à la vie de couple vous inspirera le sérieux et la loyauté. Vous protègerez votre vie amoureuse comme la prunelle de vos yeux. Car vous en tirerez toutes vos plus belles forces ! Vous combattrez toutes formes de malentendu ou d'ambiguïté. Pluton en Verseau vous transfusera une capacité d'action hors norme. Vous passerez le mur du son de vos potentiels, de vos rêves. Vous franchirez un cap glorieux inestimable. Et, l'Amour, universel comme dans votre vie privée, atteindra ses sommets. Vous accomplirez vos plus belles actions ! Vénus et Jupiter vous préserveront de toutes déconvenues professionnelles et parraineront spécialement votre évolution vers vos objectifs suprêmes. Vous serez concentré et focus sur vos cibles, qui vous tiendront particulièrement à cœur, comme l'action la plus importante et la plus pure de toute votre vie. Incontestablement, vous allez réaliser de grandes et magnifiques choses !

SEPTEMBRE
Nul n'est condamné à l'échec ! Ne vous laissez pas abattre ! Gare aux somatisations ! Détachez-vous du stress et vous franchirez tous les obstacles potentiels radicalement et maitriserez ainsi tous les évènements. Croyez en vous envers et contre tout ! Une saine introspection vous tendra les bras en cette rentrée. Ce sera une belle période d'émotion, vous murirez vos pensées, vous réfléchirez beaucoup. Vous glanerez des révélations, des bonnes nouvelles. Plus vous avancerez vers la fin du mois, plus les choses s'imbriqueront les unes aux autres comme les morceaux d'un puzzle complet. Mars chez vous vous fera don de la force physique et mentale. Vous choisirez d'avancer à votre rythme, sans forcer, juste avec vos intentions et vos désirs. Vous serez pleinement dans votre cher équilibre bien dosé de Balance. Jupiter pourra vous inspirer des actions

professionnelles inattendues, mais vous garderez le contrôle sans perdre votre sens unique de la logique et de l'efficacité. Vous serez parfaitement inspiré, et vous ne compromettrez aucune sorte de progression sur un coup de tête. Uranus vous permettra d'anticiper sur le long terme. Votre créativité hyperactive, votre charisme, votre intelligence, votre gout sur, vous ouvriront des perspectives originales et rares. Vous protègerez vos inspirations en évitant de les divulguer à tout venant. Votre âme vous inspirera les déplacements, les voyages, les mouvements, la nouveauté passionnée. Tout ce que vous mettrez en place sera bien réfléchi et profondément ressenti. Vous n'aurez à aucun moment de doute ni de sensation d'inquiétude. Vous serez habité par une intime conviction et une confiance en vous indestructibles. Vous transformerez sans rigueur les habitudes de votre environnement proche en les adaptant à vos nouveaux besoins. Et votre clan vous suivra avec une confiance totale ! Votre attitude positive commencera dans votre tête, imprégnant votre esprit de la force qui vivra en vous. Vous vous exprimerez en écoutant largement et librement votre cœur, dans tous les domaines de votre vie. En particulier, sur le plan amoureux, car cette attitude ouverte et sincère vous auréolera d'un charme exceptionnel. Vous n'hésiterez pas à faire un pas vers l'autre, à communiquer et vous ne douterez absolument de rien. Cela facilitera tout ! Et vous constaterez vite que vous avez toujours raison ! Votre cœur battra fort !

OCTOBRE

Un mois en Or ! Le Soleil sera chez vous jusqu'au 23 : Bon Anniversaire ! Vous serez impressionnant de lucidité et votre intuition palpitera ! Vous recevrez un accueil bienveillant à une attente professionnelle très ambitieuse et innovante. Vous traiterez chaque dossier avec un calme olympien et votre confiance décuplera vos forces. Mercure et Vénus vous mettront spécialement en valeur ! Focus sur vous et vos potentiels ! Pas une seconde à perdre ! Vous disposerez d'une énergie surpuissante grâce à Mars en bel aspect, vous serez réactif, créatif, volontaire, ambitieux, offensif, déterminé, sensuel. Une évolution impressionnante vous attendra sur le plan professionnel. Vous recevrez des surprises, des bonnes nouvelles, des concours de circonstances uniques ! Ce sera une véritable vague de bénédictions qui viendra s'abattre sur vous avec bonheur. Ouvrez grands vos yeux, vos bras, votre cœur, pour tout prendre ! Vous avancerez avec le courant, sans avoir à réaliser des efforts surhumains, car tout se fera naturellement. Ce sera votre moment ! Vous avancerez vers la concrétisation de votre vie idéale. Tous les changements que vous avez longtemps espérés vont vous devenir accessibles. Confiance et pas d'impatience ! Tout se préparera silencieusement, le plus discrètement possible. Mais, vous le sentirez nettement à l'intérieur de vous ! Ce sera comme une bouffée irradiante de pleine satisfaction profonde et vraie. Vous veillerez à protéger votre vie de couple, votre vie familiale. Car, sans avoir le cœur chaud, vous vous sentez en perte de vitesse. Donc, vous saurez préserver l'essentiel : les choses du coeur. Pluton magnifiera votre authenticité des sens et des émotions. Vous vous exprimerez sans égo. Dernière semaine du mois, vous prendrez conscience de tout ce que vous avez appris. Vous prendrez pleinement conscience de votre valeur ! Les mots sont très puissants, et vous le savez. Vous répéterez à haute voix des mots apaisants pour vous coacher, vous encourager, vous renouveler sans cesse et votre esprit se formatera exactement comme vous le souhaiterez. Tranquillité ! Sérénité ! Rien n'échappera à votre subconscient, à vos désirs et manifestations. Les mots sont déterminants, et il vous suffira de de parler calmement pour donner le bon ton à chacun de vos jours. La chance vous couvrira d'Amour !

NOVEMBRE

Vous cogiterez à toute vapeur ! Et vous ne tiendrez exclusivement compte que de vos certitudes. Vous serez armé pour répondre à toute demande. Vous plancherez sur de nouveaux projets. On pourra aussi vous confier une nouvelle mission, source d'une grande force. Vous serez très concentré et disposerez d'une énergie constante. Ce mois révèlera peut-être des complications professionnelles, mais vous serez fermement déterminé à les affronter vaillamment. Le Soleil, Mercure et Vénus en Scorpion nourriront vos ambitions matérielles. Vous aurez de très importants défis à relever. Vous vous sentirez inspiré pour améliorer ou développer vos activités. Vous serez proactif et volontaire. Vous ne miserez que sur vos ressentis et vos idées. Vous serez focus sur vos objectifs, vos priorités, vos préférences. Pour les atteindre, vous ferez preuve de toutes les audaces nécessaires. Vénus chez vous sublimera votre charme et votre séduction, instillant en vous un profond désir de convaincre et rallier à votre cause tous ceux qui vous entoureront. Jupiter multipliera les concours heureux de circonstances, les aides inattendues, les interventions providentielles. Vous vous sentirez soutenu et guidé. Vous ferez des plans à long terme avec précision et vous anticiperez toutes vos actions dans les moindres détails. Rien ne vous échappera, même sur le plan amoureux. Uranus vous surprendra agréablement sur le plan financier, amenant sur vous un flot pécuniaire tout à fait avantageux et opportun. Vous serez doté d'un moral d'acier et d'une bonne volonté capable de soulever des montagnes. Les évènements se succèderont ainsi rapidement et s'enchaineront harmonieusement les uns les autres, comme s'ils suivaient un plan pré-établi parfaitement synchronisé. Rien ne vous fera stagner ou reculer dans vos attentes et vos actions. Vous vous donnerez à fond et de tout votre cœur et cet investissement total va vous couvrir de succès ! Vous ferez des efforts, certes, mais ils seront couronnés de victoires ! Vous vous sentirez comblé et parfaitement à votre place. Avec, le sentiment profond d'avoir agi avec efficacité et justesse. Vous serez bien content de vous ! Vous serez sur de vous et vous vous sentirez capable de tout accomplir. Vous retournerez chaque difficulté en opportunité, chaque malédiction en bénédiction. Le sort va vous soutenir et vous prouver que l'Univers travaille pour vous !

DECEMBRE

Le désir passe avant tout, sinon rien ne marche pour une Balance ! Vous miserez sur l'Humain, le relationnel, l'empathie, la confiance, la sincérité et ainsi vous avancerez sans aucune tension. Vous vous sentirez parfaitement vous-même. Pas la force ou la rigueur, mais la bienveillance et la compréhension ! Vous aurez encore de nouvelles ambitions. Vous pourriez vous surprendre vous-même ! Vous activerez votre bulle de protection en veillant à protéger vos actions des mauvais regards et des curieux et jaloux chroniques, et pourrez ainsi avancer sur tous les fronts. Vous équilibrerez votre vie relationnelle hyperactive et votre vie privée ou familiale. Vous serez attentif à ne desservir aucun parti. Votre jugement expert de Balance y veillera particulièrement. Les planètes en Sagittaire vous pousseront à sélectionner, former, des équipes compétentes autour de vos actions. Vous saurez vous entourer des bonnes personnes. Vous rechercherez le travail ou l'action de groupe même si vous détenez le pouvoir de décision absolu. Vous saurez convaincre vos troupes ! Vos collaborateurs, vos collègues, vous suivront avec confiance et sérénité. On reconnaitra facilement vos talents et vos potentiels. Mars et Vénus multiplieront les heureuses rencontres. Vous charmerez comme vous respirerez ! On ne pourra rien vous refuser ! Vous n'aurez aucun mal à séduire celui ou celle qui saura faire vibrer votre cœur. Jupiter en Cancer éveillera un instinct de prudence salvateur dans vos contacts professionnels. Vous repèrerez ainsi les risques avant-coureurs de discordes ou de mésententes, que vous saurez neutraliser au cas par cas, car on pourra tenter de vous décrédibiliser, de vous freiner, pour entraver vos avancées professionnelles. Uranus pourra vous fragiliser sur le plan financier si vous ne contrôlez pas étroitement vos dépenses en ce mois de festivités. La Balance aime dépenser de l'argent, surtout quand elle aime ! On écoutera vos idées d'une oreille attentive. Vous vous sentirez littéralement guidé, inspiré par les forces d'En-Haut. Surtout, laissez vivre toute votre extraordinaire créativité en cette période faste. Les feux seront au vert pour vous, à condition de le vouloir ! Les astres boosteront vos neurones sans relâche. Tout ira merveilleusement bien, vous choisirez le bonheur parce que vous déciderez de vous l'accorder !

Très heureuses fêtes de fin d'Année 2025 et Excellente, lumineuse, joyeuse, amoureuse, abondante Année 2026 !

SCORPION 2025

JANVIER

Entre le 1er et le 19, vous vous efforcez de renforcer des liens, puis, du 19 au 31, votre attention se concentre sur votre vie privée ou familiale. Mercure consolidera vos avoirs, votre patrimoine, et stimulera votre relationnel et votre vie familiale. Mars, votre planète, en Lion jusqu'au 5, électrisera le domaine professionnel. Puis Mars reviendra en Cancer et vous insufflera une inspiration créatrice exceptionnelle ! Jupiter favorisera vos finances et vos placements. Les influx combinés de Mars et de Vénus installeront la passion dans votre vie affective. Ce qui est à l'intérieur de vous sera projeté dans la matière car vous mettrez en route un processus implacable où vos désirs seront positionnés dans votre vie. Vous matérialiserez vos désirs. Sur le plan professionnel, une proposition va vous permettre de grandir et de vous soulager. On vous verra comme quelqu'un de fiable, créatif, capable de faire grandement évoluer une situation. Un changement prendra place et vous donnera un regain formidable d'énergie. La chance sera de votre côté. Vous serez intéressé et vous ne tarderez pas à accepter de vous engager et à franchir le pas. Un éclair de lucidité vous permettra d'y voir clair et de sélectionner les meilleures opportunités. Sur le plan amoureux, vous expérimenterez l'amour fou. Ce sera une période émotionnelle forte. Vous allez craquer sur quelqu'un que vous attirerez comme un aimant. Vous risquez aussi d'être jaloux et de manquer de confiance en vous à cause de cela. Vous vous exprimerez et poserez cartes sur table. Vous aurez alors tout pour construire un véritable bonheur.

FEVRIER

Vous devrez d'abord gérer des nécessités matérielles, ayant trait à votre habitation ou à des besoins du quotidien, pendant toute la première moitié du mois. Vous aurez beaucoup de choses à régler ou à mettre au point. Vous dénouerez des tensions, des blocages. Vous sortirez des tensions et conflits, vous défendrez vos intérêts, vous dépasserez ce qui vous pose problème. Mars, votre planète sera en Cancer, et dynamisera votre réceptivité et votre sensibilité. Vénus en Bélier protègera le secteur du travail en facilitant les échanges, les contacts, les requêtes. Jupiter génèrera de l'argent par le biais d'une négociation, d'une tractation. Le moment sera propice pour solliciter une augmentation ou demander un prêt. Le climat général deviendra de plus en plus fluide et confortable au fur et à mesure que vous approcherez du 18. La communication sera importante, vous aurez besoin de jauger et de savoir les choses. Vous ne pourrez pas vous contenter de rester en surface, vous écouterez votre intuition. Uranus génèrera des changements inattendus dans vos modes habituels de fonctionnement. Lesquels changements ne vous perturberont pas sur le long terme, car vous aurez vite fait de trouver des compromis. Sur le plan affectif, une insatisfaction va vous imposer de faire preuve de discernement. Vous manquerez à quelqu'un qui ne réagira pas dans l'immédiat comme vous l'attendez. Vous choisirez d'attendre et quelque chose de nouveau va advenir. Une rencontre va faire la différence. Une communication éveillera en vous des sentiments. Vous vous protègerez et vous ne précipiterez rien. Laissez le passé au passé. Une nouvelle partie de vous se mettra en lumière. Vous retrouverez alors un bel équilibre. En fin de mois, vous vous sentirez épanoui dans une relation respectueuse et apaisante.

MARS

Envol, vous sortez d'une impasse, d'une peur. Vous lâchez prise sur quelque chose qui vous freinait. Vous allez vous exprimer, pour cela, vous trouverez les bonnes informations nécessaires. Vous verbaliserez clairement ce que vous souhaiterez vivre en amour, dans vos relations, vos échanges. Vous prendrez volontairement une décision importante et salutaire. L'amour sera sur le devant de la scène et occupera toutes vos pensées. Vous passerez à l'action pour trouver vos solutions, pour faire d'abord avancer votre position. Des accords vont être passés. Ainsi, une nouvelle direction sera prise, vous débloquerez ce qui vous faisait barrage. Vous visualiserez instinctivement les bonnes actions qui pourront préparer le changement nécessaire. Vous vous sentirez ainsi guidé. Le mouvement sera générateur de succès, vous vous sentirez inspiré, sur de vous et particulièrement romantique. Ce sera un passage rare pour évoluer dans le sens de vos attentes affectives, de vos besoins. Après le 20, les planètes en Bélier, le Soleil, Mercure et Vénus, apporteront de la clarté sur le plan professionnel. En effet, des ouvertures, des opportunités, des offres, des réponses, vous permettront d'avancer beaucoup plus facilement. La communication sera fluide. Vous récolterez d'heureuses récompenses. Uranus en Taureau vous surprendra avec des contretemps auxquels vous réussirez à faire face. Vous serez réactif, souple et adaptable. Pluton transformera certaines habitudes ancrées au plus profond de vous, ce qui vous permettra de vous renouveler. Vous reprogrammerez votre subconscient et adopterez ainsi un nouveau rythme d'action plus efficace et plus confortable. Vous pourrez compter sur les influences de Mars en bel aspect à votre signe qui vous douera d'une énergie inaltérable. Faites aussi confiance à votre intuition, forte, constante et précise, qui vous permettra de parer les coups avant même qu'ils n'arrivent. Vous ne commettrez pas d'erreur. Jupiter vous apportera un aide précieuse sur le plan matériel. Vos efforts réguliers seront couronnés de succès. Vous récolterez parce que vous oserez et que ce sera le moment. Vous serez aligné, vos actions et vos pensées seront en pleine cohérence.

AVRIL
Vous abattrez une montagne de travail ! Vous allez concrétiser des choses que vous avez voulues et demandées. Vous vous sentirez sur le bon chemin. Vous accepterez où vous en êtes, ce que vous aurez à faire et ainsi vous pourrez évoluer et transformer votre situation. Vous aurez des « jokers » cachés, ne dévoilez pas vos atouts. Vous allez vers une belle stabilité. Il y aura des signatures et des projets. Vous aurez la force et la persévérance, vous y croirez, parce qu'au fond de vous, vous saviez que cela allait arriver ! Le Soleil et Neptune en Bélier, condenseront votre focus et votre concentration sur votre travail et vous aurez à cœur de franchir au grand galop toutes sortes d'obstacles. Mars en Cancer vous dotera d'une force impressionnante et indestructible. Vous changerez votre manière de voir les choses. Vous aurez une confiance absolue en vous et en l'Univers ! Il

n'y aura pas de doute, pas de questionnements. Vos sentiments, vos intuitions vous guideront infailliblement et vous saurez choisir les personnes à qui vous donnerez vos meilleures énergies. Un amas de tensions professionnelles se révèlera autour du 18, mais vous saurez vous organiser méthodiquement pour gérer parfaitement tout ce qui arrivera. On ne pourra pas vous déstabiliser. Vous récolterez et vous avancerez ! Le Soleil en Taureau le 19 vous apportera les meilleures conditions pour collaborer avec les bonnes personne. Il y aura une prise de contacts nouveaux, qui vous inspireront les bons changements. Vous vibrerez haut ! Il y aura des entrevues majeures, on vous proposera des ententes, des deals dont les répercussions auront un effet bénéfique. Pluton fera disparaitre de votre bulle tout ce qui sera obsolète pour vous permettre de vous renouveler au mieux.

MAI
Vous serez focus sur le travail. Ce sera pour vous le moment d'avancer, de vouloir ! Une passerelle magique se construit pour vous. Potentiellement, tout arrivera vite pour

vous : opportunités professionnelles, financières. L'Univers va statuer en votre faveur, dans tous les plans de votre vie, parce que tout sera prêt, alchimisé, pour que cela soit et vous aurez conscience de votre valeur et de vos potentiels.. Vous prendrez de la hauteur, en ayant bien en tête tout le parcours que vous avez déjà été capable de parcourir. Vous aurez particulièrement conscience que vous détenez un libre arbitre et vous serez déterminé à vous en servir. Un poste permanent, une meilleure position sociale, une évolution matérielle, un nouveau départ, se placera à votre portée. Vous irez vers votre stabilité. Vous ne serez plus en mode survie ! Vous prendrez de l'avance ! Vous aurez l'esprit tranquille, vous ne craindrez rien, car vous sentirez vos fondations consolidées durablement. Vous aurez les pleins pouvoirs d'action. Les relations, les échanges, de tous types, seront protégés. La communication sera fluide, vous vous exprimerez, vous passerez à l'action, quel que soit le contexte autour de vous. Vous aurez conscience avec clarté de ce qui ne vous va pas grâce à votre nouvelle capacité à surmonter les épreuves, une assise, une capacité d'adaptation, dans n'importe quel type de situation. Vous garderez un sentiment de paix intérieure, de foi, qui vous permettra d'avancer avec maitrise. Vous ne craindrez pas la tempête, vous danserez dans la tempête ! Vous le sentirez de tout votre être ! Tout ce qui ne sera pas fait pour rester dans votre vie valablement, s'effondrera, avec grâce. Vous vous alignerez à une nouvelle fréquence épanouissante, vous travaillerez à manifester votre nouvelle réalité, parce que vous le voudrez passionnément. Vous prendrez vos parts de responsabilités. Vous poserez de véritables bases stables. Mercure amplifiera à vos yeux l'importance de la présence de ceux qui vous entourent. Vous échangerez sans cesse ! Vénus, Saturne et Neptune, vous pousseront en avant en vous incitant à prendre en compte ce que vous avez réellement envie de faire. Mars en Lion vous permettra de passer à l'action, nourrissant l'enthousiasme, sans relâche. Vous serez franc et loyal, serein et confiant. Le Soleil en Gémeaux rejoindra Jupiter et intensifiera votre capacité à réfléchir, à créer, à innover. Une forme d'apaisement général s'imposera pour vous. Malgré les tentatives de déstabilisations familiales impulsées par Saturne.

JUIN

Vous vous poserez des questions. Il y aura un temps d'introspection. Vous ferez des choix, vous prendrez des décisions, la roue va tourner. Vous déciderez de devenir votre priorité. Ce sera le retour, la récolte ! Tout sera alors possible, la libération sera réelle, vous prendrez du recul et de la hauteur. Le Soleil, Mercure et Jupiter sublimeront votre charme, vos capacités à aimer, à vibrer, à donner. Il sera question d'amour, du grand Amour ! Vous ressentirez des émotions puissantes, vous vous positionnerez clairement, on aura peur de vous perdre, vous deviendrez « tout » pour quelqu'un qui comptera beaucoup pour vous et avec qui vous vous projetterez dans le futur. Vous resterez néanmoins discret, vis-à-vis de votre entourage, sur vos projets de cœur, car on vous jalousera et vous vous protègerez. Vous voudrez d'abord trouver un équilibre durable. Même si la situation vous parait, au commencement, impossible, vous n'y renoncerez pas et vous mettrez toutes vos énergies au service de la construction de votre couple. Vous aurez envie de créer, de liberté et d'indépendance, de renaissance. Vous attendrez de vous sentir sécure pour entamer des démarches officielles. Vous aurez envie d'avancer, de vaincre toutes sortes d'obstacles. Vous resterez aligné avec ce que vous serez, loyal, sincère. Mars en Lion multipliera les complications et les difficultés sur le plan professionnel. Tâchez de garder le contrôle et veillez à ne pas vous laisser emporter par des tensions qui ne perdureront pas. Il y aura un entretien ou des pourparlers qui vous sortiront de ce ralentissement. Sur la deuxième moitié du mois, vous serez tourné vers vos relations et vos communications. Vous pourriez aussi vous lancer dans des quêtes sociales, juridiques ou politiques. Il y aura à ce sujet des discussions profondes. Saturne et Neptune feront de vous une personne protectrice, mature, digne de confiance, qui gèrera parfaitement bien les choses. Pluton pourra déclencher des tensions au seing de votre clan familial. Il y aura une très belle amélioration après avoir guéri une situation en attente.

JUILLET

Pour ne pas vous perdre, vous dresserez une liste de pensées, positives, et vous la répéterez chaque jour. Vous imprègnerez votre esprit conscient de pensées joyeuses, parce que ce sera la meilleure façon d'attirer sur vous le meilleur, et ainsi vous attirerez effectivement toutes les meilleures possibilités. Ce sera la plus vieille et la meilleure méthode à appliquer ! Ce mois de soleil vous fera rêver, sans limite ! Les planètes en Cancer vous inspireront la liberté d'être réellement qui vous êtes. Ce sera la grande décision, que vous prendrez formellement, avec clarté. Vous lâcherez prise, vous élargirez vos objectifs, vos aspirations, vos désirs, votre champ de conscience. Vous choisirez votre idéal de vie, c'est-à-dire tout ce qui vous conviendra réellement, ce qui vous procurera de la joie, de la confiance, sans plus vous encombrer de dépendance, de doute ou de manque. Mars en Vierge vous donnera la force physique et mentale, et vous pourrez agir au prorata de vos objectifs. Vous aurez le sentiment de renaitre, avec un potentiel immense et puissant. Vous vous découvrirez une nouvelle forme de confiance en vous, éradiquerez l'inconfort et la tristesse.

Vous vous sentirez de taille à soutenir ceux qui vous sont chers. Quelque chose en vous changera pour vous libérer de la rigueur qui pouvait vous entraver. Vous veillerez à nourrir vos énergies pour vous tourner systématiquement vers les points lumineux susceptibles de vous apporter l'équilibre. Vous serez surpris de la qualité des résultats que vous obtiendrez rapidement. Le Soleil en Lion rejoindra Mercure et votre trajectoire professionnelle vous mettra au défi de relever des challenges. Vous vous positionnerez sur la bonne voie. Vous oserez y croire. Et vous ne reculerez devant aucune sorte d'attaque extérieure. Vous serez confiant et en parfaite maitrise de vous-même. Vou repousserez des contacts toxiques, vous serez méfiant. Vous ferez le tri dans vos contacts et vos actions. Vous serez particulièrement motivé à prendre le dessus. L'amour révolutionnera votre existence ! Vous aurez de grandes décisions à prendre, sans précipitation. Sachez que vous serez en plein sur votre chemin de vie ! Restez discret sur vos projets, car la jalousie rôdera partout ! Vous bénéficierez d'un flair remarquable. Vous serez entre de bonnes mains : les vôtres ! Et la voie sera libre, vous pourrez saisir votre chance !

AOUT

Courage et combativité du Scorpion ! Rien ni personne ne résistera à votre pouvoir de séduction. Et vous donnerez le meilleur de vous-même avec simplicité. Vous déploierez votre puissance vers l'extérieur. Tout ce que vous désirerez sera au rendez-vous, sans stress. Vous ferez des choix importants. Concentrez-vous sur des pensées paisibles, ce sera primordial pour éliminer les mauvaises vibrations. Dans tous les domaines de votre vie, des défis se révèleront, vous en comprendrez toute l'importance et vous vous organiserez pour y faire face. Le Soleil et Mercure en Lion vous permettront de ne pas vous voiler la face sur le plan professionnel. Vous exposerez le bilan de votre situation, vous poserez des jalons. Vous direz clairement les choses au cours d'un rendez-vous. Il sera important pour vous que vous soyez accepté tel que vous serez ! Vous aurez la capacité de mettre des limites à ceux qui vous entoureront. Vous aurez besoin de rappeler aux autres, qui vous êtes ! Vous fortifierez ainsi votre zone de sécurité. Peut-être aurez-vous besoin de taper le poing sur la table ! Vous disposerez alors de toutes les ressources nécessaires. Vous ne cacherez pas vos intentions et vos projets. Vous vous projetterez dans le futur, vous formulerez des idées, vous vous imposerez. Mars ne vous facilitera cependant pas la tâche. Vous serez motivé à comprendre, à ne rien laisser passer, vous serez dans une dynamique de recherche d'informations. Vénus et Jupiter clarifieront vos attentes, vous aurez des idées précises de tout ce que vous compterez mettre en place. Il y aura de la discussion. Vous éradiquerez les frustrations. Vous vous battrez pour ce en quoi vous croirez, vous voudrez obtenir ce qui vous conviendra, vous serez déterminé. Vous disposerez d'une volonté formelle d'extirper de votre vie ce qui vous pèsera. Vous n'irez pas avec le dos de la cuillère ! Une belle évolution s'en suivra. Vous pourrez ainsi réussir un examen, un concours, un test, une épreuve, un entretien. Vous gèrerez méthodiquement et sérieusement tous les aspects de votre vie quotidienne. Vous saurez rester logique et équilibré face à des tensions au sein de votre clan. Vous aurez l'expérience de gérer les conflits en douceur. Vous repositionnerez les éléments pour permettre le rééquilibrage durable. Rassurez-vous, vous aurez des nerfs en acier trempé ! Rien ne vous détournera de vos objectifs. Vous espérerez fermement le meilleur et vous l'obtiendrez, sur tous les plans ! Vous assumerez vos choix, sans trembler. Vous ne vous inquiéterez pas une seule seconde ! Vous disposerez d'un pouvoir tout neuf, vous l'utiliserez à fond ! Vous serez prêt et solide.

SEPTEMBRE

Focus sur le plan relationnel et les projets professionnels ! Votre énergie contagieuse vous motivera encore davantage ! Vous passerez à l'action sans relâche. Vous ne croirez pas en la défaite ! Ainsi, vos chances de réussite seront très élevées. Votre organisme sera solide et endurant. Vous ne vous économiserez pas ! Vous n'attendrez pas non plus pour entrer en action ! Le Soleil et Mercure en Vierge sublimeront vos capacités intellectuelles et votre sens aigu de la précision. Vous vous fierez aux pouvoirs d'urgence de votre cerveau. Mars, votre planète, en Balance, risquera de vous fatiguer nerveusement. En effet, il aura tendance à vous inspirer des questionnements compliqués et inutiles. Il vous faudra avoir la présence d'esprit de refouler l'imagination toxique. Simplifiez-vous volontairement et systématiquement la vie. Simplifiez ! Ressentez ! Quand Mars sera chez vous le 22, vous vous sentirez complètement libéré de ce type de contraintes et les questions compliquées trouveront des réponses simples. Les membres de votre clan réclameront toute votre attention et votre présence. Vous vous rendrez disponible pour le bienêtre de tous. Neptune en Bélier influencera le plan professionnel en vous inspirant des idées avant-gardistes, de la nouveauté, et vous surprendrez ainsi tous les membres de votre milieu. Vénus en bel aspect sublimera votre apparence et votre charme. Vous serez chaleureux, bienveillant, attentif et tous types de rapports seront ainsi facilités. La dernière semaine du mois vous invitera à ralentir votre rythme. Vous aurez alors essentiellement besoin de vous recentrer sur vous, au calme. Vous ciblerez vos envies. Vous apprécierez alors le simple fait d'être en bonne santé et bien entouré. La confiance et la complicité vous feront alors avancer avec un minimum d'efforts.

Vous vous sentirez ainsi parfaitement heureux. Aussi, écoutez les signaux de votre corps et détendez-vous à loisir. Gardez bien en mémoire que vous avez été capable de tout faire du premier coup ! Prenez en conscience et félicitez-vous ! S'apprécier est essentiel !

OCTOBRE

Votre force de travail sera immense grâce à votre dialogue sincère constant et constructif. Votre pouvoir de persuasion sera au top ! Vous mettrez le paquet sur le relationnel, vous rechercherez l'alliance. Les astres valideront des initiatives qui germeront solidement l'année prochaine. Vous irez chercher l'inspiration dans l'introspection. Vous vous sentirez en paix avec vous-même et parfaitement capable d'évaluer vos besoins comme vos capacités d'action. Mars, dans votre signe, vous encouragera à agir, à imposer vos idées et demandes, vous saurez convaincre et rassurer ceux qui vous écouteront. Vous serez une personne de compagnie facile qui mettra systématiquement les gens à l'aise. Vous serez modeste tout en étant intéressant. On recherchera votre compagnie. Vous ne manquerez jamais une occasion de compatir aux souffrances de quelqu'un qui vous en fera part. Vous serez particulièrement attentif aux besoins de ceux qui vous sont chers. Vous serez un parent solide, aimant et réconfortant. Pluton, votre autre planète, vous inspirera la nécessité de faire le ménage dans vos relations, vos contacts. Vous tiendrez certaines personnes toxiques à l'écart de votre bulle relationnelle privilégiée. Dans le travail et sur le plan financier, ne vous hasardez pas en terrain douteux ou inconnu. Restez en zone fiable et productive, pour le moment. Les investigations aventureuses seront pour plus tard. Le Soleil entrera chez vous après le 24, rejoindra Mars, ce qui ouvrira pour vous alors une voie royale pour entrer en action. Vous ne perdrez pas de temps, tout sera déjà bel et bien programmé dans votre tête. Vous n'aurez plus qu'à agir conformément à vos plans. Ce sera le bon moment pour briser vos chaines et de faire vraiment ce que vous voudrez ! Votre volonté de bien faire ne passera pas inaperçue et vous vous sentirez rassuré. Vous créerez autour de vous un climat de confiance. Avec vous, les gens se sentiront à leur aise et à leur place. Vous égayerez systématiquement votre quotidien, en veillant à vous charger d'ondes positives, pour échapper au climat pessimiste potentiel ambiant, pour activer votre circulation, pour faire ce que vous aimez, parce que ce sera bénéfique ! Ceux qui découvriront en vous cette puissance positive voudront vous ressembler !

NOVEMBRE

Vous serez en mode « observation silencieuse ». Vous explorerez les profondeurs de votre âme ! Chemin de connaissance et de sagesse ! Vous reconnaitrez ainsi vos atouts et vos faiblesses. Vous constaterez que vous êtes un être complet ! Une situation s'éclaircira. Vous serez franc et direct. Vous serez présent pour les autres.

Chez vous, le Soleil, Mars, Mercure et Vénus stimuleront et embelliront l'impact de votre charisme ! Des défis surgiront mais ne vous déstabiliseront pas, car ils seront personnellement adaptés à vos potentiels. Un obstacle surgit pour nous permettre de prendre conscience de nos possibles ! En effet, Mercure et Mars doperont votre enthousiasme, votre confiance en vous, votre inspiration, votre dynamisme et votre envie de vous battre pour défendre vos positions et intérêts. Vénus vous fera don du charme et de la beauté ! Vous avancerez armé pour atteindre tous vos objectifs. Vous dégagerez un magnétisme surpuissant. Jupiter vous éclairera l'esprit, et vous serez en mesure d'apprendre, de découvrir, d'inventer ! A vous les études, les formations, les stages, les lectures, les découvertes, pour grandir encore et toujours. Uranus réformera les détails qu'il vous faudra absolument reconsidérer. Vous pourrez alors envisager certains contrats, certaines ententes ou compromis. L'amour sera présent, sérieux, inspiré, véritable. Pluton vous donnera des idées de réorganisation salutaire et efficace, que vous n'hésiterez pas à mettre en place et qui apporteront satisfaction à tous. Après le 23, vous attirerez l'Argent, comme un aimant à abondance ! Votre esprit de compétition sera galvanisé ! Vous trépignerez d'impatience, vous serez chargé à bloc à l'idée de lancer des projets. Plus vous profiterez de l'instant, plus l'instant sera intense ! Seuls ceux qui partageront vos vues vous seront utiles et vous les garderez dans votre périmètre.

DECEMBRE

Rien ne pourra entamer votre puissance ! Vous travaillerez à dynamiser vos actions quotidiennes. Cette confiance effrontée en l'avenir donnera l'envie aux autres de vous accompagner dans tous vos projets. Vous suivrez votre instinct qui vous guidera vers les bons interlocuteurs. Focus sur les affaires financières ! Le Soleil, Mercure, Vénus et Mars en Sagittaire protègeront votre secteur rattaché à votre patrimoine. Vous exprimerez librement vos talents, vos potentiels ! Jupiter vous dotera d'un sens aigu de vos possibilités. Vous saurez exactement jusqu'où vous devrez aller. Vous chercherez encore à vous améliorer sur tous les plans. Vous n'hésiterez pas à entamer des études, des formations, si nécessaires. Uranus vous tiendra prêt à être réactif à toute opportunité. Vous serez très entouré et très sollicité, tant sur le plan amoureux que relationnel. Mercure chez vous illuminera votre mental, moral et vos capacités d'analyse et de compréhension. Rien ne vous échappera, comme un scanner. Pluton au carré de votre signe compliquera la sphère familiale ou immobilière. Mais, les solutions vous seront vite à portée de main. Saturne et Neptune très amicaux, généreront de larges satisfactions affectives ou parentales qui compenseront les inconvénients potentiels. Vous prendrez soins de vous avec amour, de votre apparence, car si vous vous aimez dans votre miroir, vous plairez aux autres ! Vous ne vous retiendrez pas de rêver ! Votre subconscient vous donnera toute la force nécessaire pour avancer. Vous vous épanouirez ! Ainsi, vous profiterez agréablement de cette période lumineuse de festivités annuelles.

Très heureuses Fêtes de fin d'Année 2025, chargées de réjouissances et de bienveillance, et Excellente Nouvelle et Fructueuse Année 2026 pour le vaillant Scorpion que vous êtes devenu !

SAGITTAIRE 2025

JANVIER

Vous canaliserez votre attention sur votre stabilité professionnelle. Votre ambition se nourrira des énergies en provenance du Capricorne, soleil du 1er au 19 et Mercure du 8 au 28. Vous récolterez plus tard les graines que vous sèmerez alors. Ce sera pour vous la réussite et la victoire. Vous débloquez une situation, vous recevez quelque chose après une impasse, une issue positive se présente. Vous allez pouvoir bouger ! Vous trouvez votre place avec joie et certitude. Vous vous sentirez récompensé. Vous trouvez la bonne voie, le bon chemin. Mercure dans votre signe du 1er au 8 vous inspirera les justes négociations. Jupiter vous permettra d'équilibrer tous types de relations et d'échanges. Une bonne nouvelle viendra à vous aux alentours du 15 qui vous aidera sur votre chemin, un coup de main d'une personne ou de l'Univers. Vous aurez alors de nouvelles perspectives qui feront votre bonheur corps, cœur et âme. Votre vie amoureuse sera impulsée par Mars dès le 6 en Cancer, qui vous permettra d'avancer et de réajuster ce qu'il faudra pour vous stabiliser durablement. Vénus vous fera découvrir de merveilleuses émotions. Vous recevrez quelque chose que vous avez longtemps attendu. De la patience et de la stratégie, car un évènement se prépare en secret, à votre insu et va vous surprendre. Vous allez rebondir. Quelque chose de protégé va arriver, et vous ouvrira des portes magiques, un véritable coup de pouce du destin. Climat intense et passionné. Vous vibrerez à la fréquence de l'Amour. Vous capterez les bonnes ondes, vous choisirez votre fréquence en suivant les conseils de votre coeur. Ce mois de janvier 2025 sera comme une tornade qui organisera profondément votre vie. Quelque chose se réveille et vous emporte vers la tendresse et le bonheur. Peut-être n'aurez vous-même pas le temps de réfléchir. Sachez que vous allez recevoir exactement ce qu'il vous faut. Vous bénéficierez d'une protection surnaturelle !

FEVRIER

Un peu de magie dans votre vie ! Observez les signes ! Vous êtes à la fin de la tristesse, victoire ! Le mois sera hyperactif sur le plan relationnel. Emotions intenses ! Mercure escorte le Soleil en Verseau et booste vos capacités cérébrales. Vous serez dans une période forte à haute densité créative. Quelque chose arrive, il y aura une « provocation », en effet, l'Univers provoquera quelque chose pour vous. Votre moral sera lumineux et enthousiaste. Prenez le parti de vous exprimer et de verbaliser ce que vous ressentez. Nouvelles vibrations, nouvelles énergies. Ne perdez pas une seconde de cette période propice. C'est un moment magnétique pour poser vos intentions car vous serez rapidement entendu. Après le 18, le Soleil, Mercure et Saturne en Poissons exigeront de vous que vous preniez en mains l'organisation de travaux, de réparation, de démarches, de conseils vis-à-vis de proches. Jupiter protègera vos relations de tous ordres. Les changements seront positifs et arriveront en abondance, avec une protection surnaturelle. Parce que c'est le moment. Mars exalte votre sensualité, et stimulera aussi vos échanges financiers. Vénus adoucit votre vie et vous ferez le bonheur de tous ceux qui vous aiment. Vous donnerez le meilleur de vous-même avec Amour et le visage rayonnant et ça, c'est la condition sine qua non pour se protéger des forces contraires et pour que la roue de la vie avance dans la meilleure direction. Ce mois génèrera Amour, Abondance et Protection. Plus vous lâcherez prise, plus vous neutraliserez toutes pensées limitantes, et vous pourrez ainsi prendre vos décisions majeures sans aucune difficulté. Énergétiquement, respectez systématiquement votre rythme.

MARS

Vous vous demanderez si vous devez contacter quelqu'un et prendre la parole. Il y a quelque chose que vous voudrez créer ou exprimer officiellement. Vous sentirez, sans appréhension, venir de loin un grand vent de changement. En effet, une nouvelle porte va s'ouvrir ! Il y aura un compromis, une nouvelle solution salutaire, providentielle. Vous pourrez avancer ainsi en toute tranquillité. Jusqu'au 20, le Soleil, Saturne et Neptune en Poissons, vous permettront d'examiner de près une situation de famille ou ayant trait à votre domicile. Vous garderez un calme olympien en toutes circonstances et vous manœuvrerez adroitement pour éradiquer les obstacles. Les énergies des planètes en Bélier, le Soleil, Mercure et Vénus vous transfuseront une énergie puissante et réellement unique, dont vous saurez profiter. L'Amour occupera la place centrale dans vos pensées. Vous vous sentirez bien dans votre tête, sur de vous, en beauté et confiant. Vous serez particulièrement créatif, ingénieux, original, avant-gardiste. Jupiter, face à votre signe, favorisera la communication. Vous récolterez de précieux conseils de la part de sources totalement inattendues. Des personnes particulièrement bienveillantes surgiront également de nulle part, pour vous aider, vous informer, vous soutenir au moment opportun. Vous signerez des accords, des contrats avantageux. Jupiter risquera de provoquer des tensions inutiles, aussi, par mesure de prudence, choisissez systématiquement la diplomatie et la patience. Pluton dopera systématiquement votre moral. Vous afficherez votre merveilleux sourire sans vous déconcentrer, une seule seconde, de vos objectifs. Vous ferez preuve d'une intelligence subtile qui vous permettra de ne rien laisser perdre de toutes opportunités potentielles à votre portée.

AVRIL

Connexion, intuition ! Vous ressentirez les mêmes choses que quelqu'un d'important pour vous. Magie relationnelle ! Vous aurez un coup de cœur extraordinaire, vous consoliderez une magnifique relation. Les sentiments seront vrais. Ecoutez-vous ! Pensez à vous ! Laissez l'Univers travailler pour vous ! Vous allez atteindre vos objectifs. Le Soleil et Neptune en Bélier sublimeront votre créativité, vos idées, vos inspirations uniques ! La situation, le chemin, sera complexe, mais chargé de sens, vers une stabilité royale. Vous aurez un choix à faire pour une bonne cause, pour vous investir à fond dans votre histoire de couple. Il sera question d'enfants ! Quand le Soleil passera en Taureau, le travail passera au premier plan. Vous vous surpasserez, vous montrerez vos potentiels, vos talents, avec endurance et vaillance. On vous reconnaitra comme un élément efficace et fiable. Face à vous, Jupiter multipliera les contacts de qualité, les rencontres utiles dans le travail. Ce sera le bon moment pour atteindre des hauteurs que vous visiez depuis longtemps. La chance vous enveloppera dans ses ailes. Abondance, réussite ! Mars tour à tour en Cancer, puis en Lion, vous permettra de lâcher de vieux freins, des idées, des personnes, des situations, que vous éradiquerez radicalement pour vous libérer des entraves. Ce sera un renouveau formidable, une renaissance glorieuse ! Vous vous sentirez délicieusement à votre place, votre idéal. Pluton, en bel aspect à votre signe, dynamisera votre combativité et votre moral. Vous vous découvrirez ainsi un nouvel état d'excellence ! Vous saurez clairement à quel point vous avez évolué, grandi. Et vous serez fier de vous ! Une vraie réussite, un cadeau de l'Univers ! Vous cloturez un chapitre et vous entamez une étape épanouissante. Cette nouvelle direction déchainera de très belles émotions en vous. Soyez vous-même !

MAI

De bonnes nouvelles vous permettront d'éclaircir quelque chose et une progression va s'affirmer. Le Soleil en Taureau et Uranus, vous inviteront à centraliser votre attention sur le travail et vous serez capable de vous adapter à n'importe quel imprévu. Cet imprévu, pourrait être un personnage négatif ou de mauvaises habitudes, que vous reconnaitrez alors et neutraliserez complètement. Vous aurez indéniablement envie d'avancer dans un projet très motivant. Mars en Lion sublimera votre vision de ce que vous voudrez atteindre. Sur le plan professionnel, vous trouverez un nouveau partenaire qui vous ouvrira toutes les portes. Vous disposerez d'une énergie puissante et d'une implacable volonté qui vous permettra de ne pas limiter vos efforts. Cette puissante décharge d'énergie vous propulsera de l'avant. Les planètes en Bélier : Saturne, Vénus et Neptune ouvriront le flux d'une suite de possibilités providentielles dans votre vie amoureuse. En effet, une rencontre importante s'affirmera qui vous ouvrira de nouvelles perspectives. Vous changerez de direction ! Vous éradiquerez radicalement ce qui ne sera plus bon pour vous. Vous aurez la possibilité d'avancer à votre convenance. Vous laisserez tomber ce qui ne vous conviendra pas, sans aucun regret et sans état d'âme. Vous irez vers la nouveauté, avec quelqu'un qui vous comprendra parfaitement, qui vous donnera naturellement l'harmonie relationnelle la plus sincère, l'amour, le bien- être et de nouveaux projets, en un mot, une rencontre exceptionnelle ! Un rêve se réalisera ! Guérison ! Vous comblerez tous vos manques ! Vous aurez l'impression de vivre un conte de fée, dans l'alignement parfait de votre idéal. De plus, Mercure du 11 au 26 exigera de vous une implication intellectuelle complète. Vous serez focus, diplomate, patient, attentionné, respectueux, responsable avec vos collègues. Vous percevrez clairement chaque chose et vous irez ainsi plus loin que ce que vous pouviez imaginer. Face à vous, le Soleil dès le 20, Mercure dès le 26 et Jupiter mettront en lumière vos ressentis, vos intimes convictions, votre instinct. Il y aura pour vous un nouveau monde à découvrir. Tous vos espoirs seront permis ! Vous vous délivrerez définitivement de quelque chose de toxique. Vous vous sentirez équilibré et stable, à votre place, pour vous projeter de façon durable et solide. Vous vous amarrerez au meilleur endroit, avec bonheur !

JUIN
   Voilà des flots de communications et d'heureux contacts qui vous submergent tota-

lement ! Ainsi vous allez dynamiser les énergies existantes ambiantes, vous ferez des mises à jour, vous actualiserez les informations, les habitudes, les repères. Un air neuf va ainsi circuler et instaurer un rythme général actif et dynamique. Vous n'hésiterez pas à tout transformer, au feeling, en écoutant votre cœur. Vous affirmerez vos positions, vos convictions, vos projets. Vous apporterez des précisions, des détails nécessaires. Le Soleil, Mercure et Jupiter en Gémeaux braqueront sur vous les projecteurs du succès, vous couvriront d'attention, par la présence des autres qui vous donnera de la bienveillance, de l'affection, de l'importance. Les échanges seront forts et sincères. Vous tiendrez compte des attentes, des désirs de ceux qui vous entoureront et vous donnerez votre présence, vos mots, vos émotions, spontanément. Mars facilitera votre enthousiasme, votre volonté, vos intentions pour vous positionner avec certitude et faire des choix en pleine confiance. Vous vous découvrirez une énergie exceptionnelle qui bouillonnera au niveau de votre plexus solaire. Une force naissante verra le jour en vous ! Pluton soutiendra votre moral tout le mois, des rencontres favoriseront des alliances utiles pour la suite de vos actions dans tous les domaines. Vous vivrez de beaux moments d'affection, vous ne retiendrez pas vos sentiments et ce sera la source de toutes les bénédictions. Les dix derniers jours du mois vous inviteront au recentrage, à l'introspection. Mars en Vierge vous inspirera des actions innovantes sur le plan professionnel. Vous murirez vos décisions avant de les ancrer dans votre réalité et vous serez validé. Vénus en Taureau pulsera votre vie amoureuse ! Il y aura des changements, des adaptations, des réajustements qui réoxygéneront l'atmosphère de douceur et de tendresse. Ce sera un flamboyant reset !

JUILLET

Un mois exceptionnel ! Vous libèrerez votre feu intérieur, par les énergies magnétiques surpuissantes en Cancer. Vous vous accomplirez et sublimerez vos potentiels. Il y aura une excellente association de forces qui vous inspirera la progression, l'évolution, la régénération. Vous aurez d'abord le réflexe de faire le tri dans vos relations. Vous recevrez des informations, des synchronicités, des signes qui vous permettront de vous situer parfaitement dans la ligne d'évolution de votre épanouissement. Mars en Vierge vous donnera la force de vous investir à fond dans toutes vos activités. Jackpot ! Vous serez perfectionniste, talentueux de haut vol, concentré, focus, spécialiste, maitre de vos moyens et de vos potentiels. Vous décrocherez tous les honneurs ! Ce sera le moment de vouloir ! Vous récolterez les succès, les récompenses, les cadeaux, les opportunités. Tout s'enchainera dans la fluidité, l'évidence. Saturne et Neptune en Bélier favoriseront et protègeront le plan relationnel. On sera fasciné et obnubilé par vous. On cherchera à vous côtoyer, à vous approcher, à vous courtiser. Vous serez sûr de vos choix amoureux, vous vous sentirez stable et épanoui, parfaitement servi. Vous voguerez dans un élan de créativité surdouée, rare et riche. L'inspiration viendra vers vous, vous envahira l'esprit et l'âme, pour vous guider avec précision dans toutes les investigations qui vous intéresseront. Neptune préservera en vous une parfaite sensation de paix intérieure. Vous sentirez en harmonie et en connexion wifi avec les bonnes forces d'En-Haut. Pluton vous rendra visionnaire, inspiré dans les moindres détails. Le Soleil en Lion, soutenu par Mercure, vous douera de la parole juste et sage. Vous serez capable d'échanger avec tous types de relations. Vous prendrez conscience de votre propre valeur. Il y aura en vous une mine d'or dont vous pourrez extraire tout ce dont vous aurez besoin. Magnétisez-vous ! Éradiquez définitivement et en pleine conscience, les craintes et les doutes. Ne craignez pas d'avancer une seule seconde, pour ne pas rester sur place, pour vous renouveler glorieusement à chaque instant. Misez aussi sur la puissante créativité de votre subconscient et vous aurez définitivement une longueur d'avance !

AOUT

L'idéal ! L'amour sera lui aussi au rendez-vous ! Cadeau ! Du bon, du meilleur, de l'Absolu. Vous allez récolter le retour de tout ce que vous êtes, vous aurez la victoire sur tout ce qui était toxique. Vous aurez dompté les mauvaises choses. Les énergies en Lion vous seront directement envoyées par le Ciel ! Vous croirez en vous et en votre destinée. Soleil, accomplissement, Amour, la Chance ! Vous suivrez vos étoiles, votre quête, et ce sera la liberté d'expression, l'audace, la permission d'être ! Mars donnera de la force, du relief, de l'authenticité, de l'équilibre à votre vie amicale. Vous vous sentirez à votre place, respecté, recherché. Tout sera bienveillant. Vous célèbrerez votre été qui sera une vraie réussite. Profitez, prenez tout ! Il y aura des projets collectifs ambitieux, des contrats. Vénus et Jupiter sublimeront votre charisme affectif, relationnel. Vous rayonnerez ! Vous serez beau comme jamais, bienveillant, délicieux, charmeur, sensuel, tendre ! Uranus compliquera la vie des couples. Ne tiendra qu'à vous de clarifier, de trancher sérieusement, dans le sens de vos ressentis. Ne vous confiez pas, faites attention aux mauvais regards, car des jaloux voudront vous saboter. Eloignez-vous, protégez-vous. On sera jaloux de votre lumière ! Votre moral sera indestructible. Pluton protègera tous types de communication, de demandes, de compromis, dans les affaires, le travail, le mariage, le changement. Vous vous déplacerez, voyagerez. Le Soleil en Vierge canalisera toutes vos énergies sur votre activité professionnelle. En effet, vous resterez sans cesse aux aguets et vous réussirez là ou personne n'a encore jamais réussi ! Vous recevrez des soutiens. Prospérité, abondance. Vous réfléchirez aussi à un nouveau mode de vie. Quand la santé va, tout va ! Profitez de ce mois d'Aout 2025 faste, sans aucune inquiétude. Profitez à fond et en paix, de votre joie de vivre, de votre enthousiasme, de votre confiance en vous exceptionnelle. Triomphe incroyable !

SEPTEMBRE

Prenez le temps de réfléchir sur le chemin que vous avez parcouru depuis le mois de janvier 2025 ! Vous avez piloté votre vie d'une main de maître ! Votre énergie, votre volonté, vous ont porté aux nues. Servez-vous de vous, de vos potentiels, vous allez encore purifier votre univers, le clarifier et vous recevrez encore le fruit de vos efforts. Il y aura de nouveaux projets, des ambitions, une renaissance. Misez sur votre sens instinctif du relationnel, ainsi vous controlerez, vous apaiserez, éviterez les conflits inutiles et les pertes de temps. Ce sera grâce à votre optimisme solaire que vous viendrez à bout de toutes difficultés. Vous avancerez à pas de géant, à votre manière. Vous entretiendrez exclusivement des relations vraies, dans le travail comme dans l'amitié. Vous démarrerez cette rentrée en trombe ! Le Soleil et Mercure en Vierge vous rendront focus sur vos objectifs professionnels. Mars en bel aspect à votre signe, facilitera vos démarches. Vous trouverez les solutions, les soutiens, les opportunités qui vous permettront de réaliser des choix, de prendre librement vos décisions comme vous l'aurez programmé. Cependant, après le 22, il pourrait y avoir des complications au seing de votre clan familial. Vous serez tenu de gérer beaucoup de situations diverses et complexes. Uranus ajoutera même des imprévus. Vous vous adapterez avec souplesse et efficacité, vous trouverez systématiquement vos solutions. Dernière semaine du mois, vous retrouverez une forme d'indépendance confortable et agréable, vous laissant libre de vos mouvements. Vous pourrez à nouveau vous concentrer sur vos projets personnels, cherchant avant tout à y retirer beaucoup de satisfactions et d'excitations intellectuelles. Vous trouverez des sponsors, des investisseurs qui seront prêts à vous suivre et à s'investir avec vous dans la mise en place de nouveaux dossiers ambitieux. Vous apporterez ainsi encore des atouts et des améliorations à votre vie sociale et professionnelle. Si vous étiez à la recherche d'un emploi, vous décrocherez un entretien. Communications importantes. Vous maintiendrez une bonne énergie au niveau de votre abondance financière. Vous serez un mur porteur, précieux, pour votre entourage. En amour, vous préserverez adroitement tout ce qui vous sera essentiel. Vous pourriez aussi vous réconcilier avec une personne du passé. Vous irez vers une reconnaissance de vous-même. Vous vous sentirez à votre place, sur la bonne voie. Il y aura une sensation de positionnement durable. Il y aura de telles évidences, de telles synchronicités, que vous ne douterez pas du changement. Vous irez vers un ancrage durable et très réconfortant.

OCTOBRE

Il viendra une belle rencontre qui génèrera beaucoup d'émotion, de vrais bons moments seront à prévoir. Vous aurez le souffle nécessaire à la réussite de vos projets qui vous stabilisera dans une agréable bulle de confort. Vous jouirez d'une protection immense de l'Univers. Vous prendrez tout le temps nécessaire pour vous maintenir dans ces bonnes vibrations. Vous focaliserez sur ce que vous souhaiterez obtenir. Vous serez déterminé à profiter de votre vie. Vous avancerez, dans un parfait équilibre. Si vous passez des examens, vous les réussirez. Si vous devez affronter un entretien, vous serez sélectionné. Comptez sur un sérieux coup de pouce en matière de développement professionnel ! De nouvelles associations seront également possibles. Vous trouverez un accord avantageux et de circonstances. Un stage ou une formation pourra aussi être votre actualité. Les doutes auront disparu, vous écouterez vos intuitions. Vous avancerez sur votre mission d'âme, en pleine conscience. Vous vous adonnerez spontanément à une saine introspection ! Le Soleil, Mercure et Vénus en Balance embelliront votre vie relationnelle avec une lumière de sincérité absolue, des échanges passionnants et des sentiments authentiques. Vous serez aussi prêt à écouter et entendre ce que l'on aura à vous dire. Vous renforcerez ainsi des liens relationnels qui s'avèreront utiles et rassurants sur le long terme. On pourra aussi vous faire ouvrir les yeux ! Vous ne vous limiterez pas. Vous laisserez derrière vous ce qui ne sera pas clair, ce qui ne vous conviendra plus. Pluton en bel aspect grossira les rangs de vos connexions. Mars en retrait gardera vos initiatives discrètes, sans réduire leur efficacité, ni leur portée. Le climat sera chaleureux, tranquille, serein. Mercure en Scorpion éclairera vos pensées de raisonnements lucides et solides. Vous irez chercher vos inspirations à l'intérieur de vos désirs. Tout ce qui vous arrivera, particulièrement positif, attirera de la jalousie. Mais vous en serez parfaitement conscient et vous saurez préserver votre santé psychologique. Vous vous sentirez simplement et naturellement de mieux en mieux.

NOVEMBRE

Vous bénéficierez d'une belle et constante énergie en ce mois de Novembre 2025. Vous ne vous laisserez pas ralentir. En effet, vous vous adapterez aux situations les plus compliquées et les imprévus tourneront systématiquement à votre avantage. Vous pourrez même tirer profit d'une situation conflictuelle ! Aussi, cultivez et renouvelez sans cesse votre sérénité et cherchez essentiellement la compagnie des gens bienveillants. Ce sera le meilleur moyen de recevoir, de garder et utiliser les bonnes énergies qui vous seront alors envoyées d'En-Haut. Vous serez instinctivement pétri d'optimisme, de confiance en vous et d'enthousiasme, la recette idéale pour gagner ! Le Soleil en Scorpion, stimulera vos neurones en vous incitant à longuement réfléchir avant d'agir. Mars, chez vous, vous dotera d'une force mentale et physique inépuisable. Aussi, vous agirez parfaitement au plus juste. Pas de gaspillage de temps ! Pour vous aider, vous trouverez sans peine, main forte, dans vos relations professionnelles et privées. Vous vous sentirez reconnu et largement apprécié. Ce sera un mois très positif pour nouer de nouveaux contacts. Et, ce dans tous les domaines. Vous serez en état d'alerte permanente. Le bon feeling multiplie les bonnes relations ! Se présenteront aussi de nombreuses possibilités de progression ou de révélations professionnelles ! Vous serez inspiré et fonctionnerez à pleines turbines, vous repousserez vos limites, sans vous perdre dans de fausses considérations. Vous ne laisserez rien passer ! Jupiter, votre planète, protègera votre secteur financier. Les rentrées d'argent afflueront vers vous. Au sein de votre famille, vous afficherez volontairement une attitude bienveillante et compréhensive qui facilitera les échanges. Vous réussirez ainsi à affronter n'importe quel type de tempête, et vous en ressortirez chaque fois vainqueur et glorieux ! On ne descend que pour remonter ! Donc, focus sur vous et vos désirs ! Vous privilégierez votre bien être intérieur et vos qualités seront récompensées. Vous avez pris de plus en plus conscience de votre place et de vos potentiels !

DECEMBRE

Vous serez bien entouré et vous ne perdrez pas votre temps avec de mauvais conseillers. Vous vous identifierez trop à vos objectifs pour aller chercher conseils auprès des autres. Votre jugement comptera avant tout et vous aurez parfaitement raison de décider définitivement de choisir cette méthodologie d'action. Vous appellerez ainsi sur vous les situations idéales, celles que vous aurez construites spécialement pour vous. Vous serez un Sagittaire libre, souriant, volontaire, inspiré, indépendant, séduisant et particulièrement brillant en cette fin d'année 2025. Vous illustrerez à merveille l'image idéale du Sagittaire en pleine possession de ses moyens. Vous plairez comme vous respirerez ! Vous remporterez tous les suffrages ! Les planètes vous ouvriront une voie royale vers le succès ! Mars, facilitera vos actions, et vous distillera une énergie militair infaillible. Mercure vous dotera de la justesse et de la sagesse dans vos réflexions et vos paroles. Vous serez totalement en contrôle de vos potentiels. Vous brillerez par votre esprit subtil et supérieur. Vous exposerez vos idées avec brio. Vous subjuguerez l'auditoire ! Jupiter continuera à protéger votre secteur financier. Uranus vous donnera faim de montrer et démontrer sans relâche l'ampleur de vos capacités. Vous n'aurez de cesse de relever des défis et de remporter des lauriers ! Vous vous imposerez comme un professionnel averti dans votre domaine. Vous deviendrez une véritable référence ! Chez vous, on risquera de vous faire remarquer votre indisponibilité. Devant cette réalité, vous ferez en sorte de vous faire pardonner vos absences en consacrant le maximum de temps possibles à ceux qui vous sont chers. Mercure chez vous vous insufflera systématiquement les meilleures attitudes à adopter pour préserver votre univers affectif. Le secteur du foyer vous boostera et fera de vos projets de coeur de magnifiques opportunités pour stabiliser vos amours. Vous pourrez dresser en fin d'année 2025 un bilan global tout à fait créditeur qui vous comblera de joies et de fierté ! De quoi vous féliciter !

Excellentes Fêtes de fin d'année 2025 dans un climat festif bien mérité et très ambitieuse et lumineuse Année 2026, qui vous verra atteindre vos sommets !

CAPRICORNE 2025

JANVIER

Le soleil sera chez vous du 1er au 19, Mercure du 8 au 28 et ils vous transfuseront essentiellement de la force ! Avant le 8, vous vous poserez les questions essentielles, ciblerez vos priorités et vous organiserez votre emploi du temps en conséquences. Vous n'hésiterez pas à suivre vos inspirations profondes et vous vous mettrez en valeur sans aucune réticence. Quelque chose de puissant se réveille en vous. Jupiter accentuera et soutiendra votre implication professionnelle acharnée. Vous vous donnerez consciemment tous les moyens de réussir. Vous prendrez le temps de montrer vos compétences, vos idées, qui vous mèneront immanquablement dans le sens que vous souhaitez. Vous récolterez bientôt le fruit de vos efforts. Vous serez performant et vous ne vous investirez pas inutilement. On comptera beaucoup sur vous, dans le travail ou dans votre cercle privé. Vous profiterez aussi de votre temps, car vous vous organiserez pour avancer différemment. Vous ne resterez pas dans votre routine, vous harmoniserez tous les aspects de votre vie, même si vous devez accomplir beaucoup de choses simultanément. Vous mettrez chaque élément à sa bonne place. Vous vous sentirez sur de vous avec une intime certitude d'abondance et de stabilité. Vous n'aurez rien à craindre, vous serez minutieusement en action, mais à votre façon. Vous veillerez à vous entourer de personnes chaleureuses et sincères. Mars en Cancer à partir du 6, face à vous, vous permettra d'affronter des tensions potentielles familiales ou dans le milieu professionnel. Vous vous protègerez et vous stabiliserez en prenant les bonnes décisions. Sur le plan amoureux, Vénus vous sera favorable, tendre et douce dès le 3. Ce courant stimulera aussi les liens amicaux qui se renforceront. Vous évoluerez dans une atmosphère agréable et bienveillante. Le timing sera parfait. Ce début d'année 2025 sera festif et très satisfaisant !

FEVRIER

Croyez en vous ! Exploitez vos potentiels ! Vous allez centraliser vos énergies sur des objectifs professionnels précis. Vous vous poserez énormément de questions. Résistez et ne lâchez rien ! Ressentez ! Vous obtiendrez la réussite que vous attendez. Pour cela, vous allez prendre du recul pour que les choses deviennent fluides. Vous allez augmenter vos revenus, par votre travail ou par un moyen nouveau, totalement inattendu. Vous fortifierez solidement l'aspect matériel de votre vie. Le Soleil, Mercure et Pluton en Verseau renforceront votre ambition, votre désir d'évoluer. Votre motivation et votre authenticité vous porteront en avant, sans risquer de vous égarer. Jupiter, dans votre secteur professionnel, facilitera les décisions, multipliera les contacts et les opportunités. Vous vous sentirez prêt à faire des choix très importants. Vous parviendrez à gérer ainsi toutes sortes de nouvelles situations. Après le 18, il y aura sur votre chemin une véritable chance qui va vous permettre de réaliser une avancée considérable dans le sens d'un heureux changement professionnel. Vénus, dès le 4, harmonisera votre vie amoureuse ou familiale et vous ouvrira toutes les portes vers le bien-être et la stabilité affective et amicale. Cependant, Mars électrisera certains échanges extérieurs à votre clan, pour des histoires d'argent, mais vous trouverez les bons arguments pour pouvoir aller de l'avant. Vous pourrez ainsi envisager de nouveaux départs, votre énergie changera, vous vous sentirez en paix à l'intérieur de vous. Vous avancerez sans vous précipiter, avec certitude. Ce parcours vous permettra de comprendre, de déconstruire pour mieux reconstruire, avec la sagesse. Vous conscientiserez que vous avez été enfermé dans un système de croyances, ou peut-être même par l'intention de certaines personnes. Vous sortirez de schémas répétitifs. Vous allez faire des rencontres. Vous allez obtenir progressivement des informations cruciales au fur et à mesure de votre évolution. Vous vous sentirez alors de plus en plus calme et serein.

MARS
N'ayez pas peur qu'on vous oublie ! Vous allez réaliser des prodiges ! Il y aura des doutes qu'il faudra dissoudre par la force de vos intentions car ils pourraient vous faire perdre beaucoup de temps et de force. A chaque fois que vous avez une pensée négative, remplacez-là par une intention formelle.

Jusqu'au 20, les planètes en Poissons rendront votre communication facile et agréable. Vous vous sentirez sur de vous et en confiance. Après le 20, les énergies se compliqueront et les échanges vont perdre de leur fluidité. Veillez à ne pas laisser planer de quiproquos ou de non-dits. Prenez le temps d'expliquer, de clarifier, de justifier ce qui doit l'être afin d'éviter les malentendus inutiles, capables de vous bloquer dans vos relations familiales, amicales ou amoureuses. Mars accentuera cette tendance. Mettez votre égo et votre fierté dans votre poche si vous voulez préserver des relations importantes pour vous. Bannissez la susceptibilité maladive et verbalisez votre vérité avec humilité. Le plan professionnel ne sera pas altéré par cette tendance car Jupiter vous couvrira en dirigeant vers vous les opportunités et les présences qui pourront vous permettre de pérenniser vos projets. Vous opérerez une évolution notable en décidant, s'il le faut, de transformer votre méthode d'action. Uranus pourra même vous inspirer d'entamer une reconversion, une étude, une formation qui pourra vous apporter des outils supplémentaires pour avancer concrètement.

Vous ne serez pas passif ou insouciant devant les obstacles, bien au contraire, vous saurez réagir vite et vous adapter, vous renouveler, exactement comme il le faudra pour ne pas vous laisser détourner de vos objectifs.

AVRIL
Evolution drastique qui va vous mettre en joie, comme une évidence, avec fluidité. Il y aura une naissance de quelque chose, un nouveau départ ! Un employeur viendra vers vous, une offre, un collaborateur, une histoire d'amour… L' évènement positif fondra sur vous comme une météorite. Le Soleil et Neptune réchaufferont et éclaireront votre vie de couple, de famille, votre domicile, votre bulle, votre monde ! Ou alors, il y aura des travaux importants que vous mettrez en route, un projet ambitieux, un investissement, un achat primordial. Vous prendrez de la hauteur. Mercure en Poissons vous portera à bout de bras dans vos recherches ! Il y aura des échanges inédits. Quand Mercure passera en Bélier, sur la deuxième moitié du mois, il faudra user de prudence car vous prendrez clairement conscience de présences toxiques autour de

vous. Il vous faudra alors prendre des dispositions adéquates, sans tarder. Vous irez vers une très belle évolution, une décision, inattendue, une chance, un évènement unique dans une vie, qui vous permettra d'aller très loin. Le 19, le Soleil et Uranus en Taureau, placeront sur un piédestal votre vie amoureuse, vos enfants, vos sentiments, vos attachements. Vous ouvrirez largement votre cœur. Vous oserez ! Pluton exaltera et protègera vos finances. Vous récolterez une augmentation, un changement de poste valorisant. Jupiter soutiendra tous vos efforts.vous inspirera, dirigera sur vous des opportunités, des présences providentielles. Vous récolterez ce que vous voulez en pleine conscience.

MAI

Vous aurez suffisamment appris à vous connaitre, il sera temps de passer à l'action avec conscience et courage ! Vous vous émanciperez généreusement. Vous laisserez circuler vos idées, vos énergies, vos besoins, vos désirs. Vous vous laisserez traverser par ce que vous ressentirez désormais juste et nécessaire pour vous. Vous ne ferez pas marche arrière, vous avancerez et cette étape cruciale va transformer votre existence. De plus, vous serez un visionnaire et vous saurez voir loin et juste. Ce sera une grande phase d'engagement où se concrétiseront à la fois des projets professionnels et personnels. Vous aurez essentiellement envie de cheminer vers la nouveauté, en totale adéquation avec votre nouveau vous. Vous serez sur une note positive, déterminé et en pleine reconstruction volontaire. Vous vous sentirez libre de vous décider, d'agir, et il y aura un grand nettoyage en vous et autour de vous. Vous vous sentirez prêt ! Vous ferez surtout le choix de vous prendre en main et de cultiver et privilégier votre créativité. Vous briserez des chaines, des codes, vous vous éloignerez de toutes sortes de vieux carcans. Les énergies en Taureau, le Soleil, Mercure et Uranus, préciseront vos buts dans les moindres détails et vous vous concentrerez intensément dessus, sans fléchir, emporté par ces flux puissants bâtisseurs de renouveau salutaire. Prospérité, abondance, déblocage ! No limit ! Un travail ou une action collective vous permettra de vous engager durablement. Même si le départ vers de nouveaux horizons sera d'abord inconnu, vous choisirez d'aller dans la direction inspirante qui ne parlera qu'à vous. Mars en Lion vous inspirera aussi de belles relations et de beaux échanges amoureux, amicaux. Les planètes en Bélier, Mercure, Vénus, Neptune et Saturne, multiplieront les nouvelles potentialités génératrices de changements. Tout évoluera crescendo, une action donnant naissance à une nouvelle étape prometteuse, une très belle abondance. Vous gravirez ainsi ces étapes, méthodiquement, comme un escalier. Vous aurez une forme de clairvoyance qui vous permettra de tout anticiper, de tout prévoir, et vous ne serez pas pris au dépourvu. Suivez vos choix, vos décisions, vos réflexions. Ecoutez-vous ! Pluton en Verseau génèrera des restructurations financières, facilitées par votre évolution professionnelle grandissante. Toutes ces mesures prospèreront sur le long terme, évolueront en spirale et consolideront sérieusement vos fondations. Faites-vous pleinement confiance !

JUIN

Vous serez consciencieux et concentré sur vos obligations quotidiennes, comme un bon Capricorne sait si bien le faire ! Et vous serez pleinement satisfait de vous. Vous avez besoin d'avoir la certitude d'avoir bien fait chaque chose. Les planètes en Gémeaux valoriseront votre sens des responsabilités. Vos sens seront en éveil ! Vous ne faiblirez pas ! Votre cercle relationnel privé attendra de vous toute votre attention. Vous veillerez à dégager du temps pour vous mettre à l'écoute de ceux que vous aimez. On pourra toujours compter sur vous ! Mars en Lion vous inspirera un courage exceptionnel pour vous accorder le droit de franchir les limites de vos habitudes. Vous en ressentirez un besoin nouveau formidable incompressible ! Ça ne s'expliquera pas. Vous respecterez ce besoin. Prenez-vous comme vous êtes, ne vous jugez ni ne vous limitez pas. Aimez-vous, mettez-vous en mouvement dans un amour de vous sain et lumineux. Sur la deuxième moitié du mois, Mars développera activement votre enthousiasme. Vous aurez besoin d'action, vous irez à l'essentiel, sans attendre et sans détour. Vous aurez grandement envie d'apprendre, de découvrir, d'innover. Pluton, dans votre secteur des revenus, augmentera vos attentes et vos désirs.

Vous envisagerez des moyens de générer de nouveaux revenus. Peut-être vous tournerez vous vers la création de revenus passifs sur internet. Votre ambition grimpera en flèche, comme votre audace et votre inspiration. Vous dépasserez ainsi vos limites. Vous tiendrez même compte de nouvelles intuitions « irrationnelles » qui se joueront de la logique et de la routine. Vous partirez sur de nouveaux engagements. Saturne et Neptune en Bélier, irriteront l'atmosphère familiale en générant des quiproquos ou des malentendus qu'il ne faudra pas entretenir. En effet, vous aurez la présence d'esprit de court-circuiter d'emblée les malaises potentiels en clarifiant rapidement la situation en exposant la bonne façon de voir les choses. Rien ne vous échappera.

JUILLET
Vous reposer ne sera pas une perte de temps ! Vous pourrez ainsi retourner à vos tractations et vos négociations dans une forme éclatante ! Votre désir d'action et de réalisation personnelle fera mouche ! Vous serez particulièrement communiquant et bienveillant, ce qui attirera autour de vous une foule de présences amies.

Vous montrerez sans peine votre sympathie, comme votre passion à accomplir des choses qui éveilleront votre sensibilité. Le Soleil et Jupiter en Cancer illumineront de douceur votre vie amoureuse. Vous serez à l'écoute de ceux qui vous sont chers. Mercure en Lion vous incitera à plonger dans votre bulle pour envisager de mettre des actions nouvelles en place. Vous aurez globalement de bonnes nouvelles. Si vous cherchez du travail, vous décrocherez un contrat. Si vous cherchez un lieu de vie, vous trouverez un endroit confortable qui vous conviendra tout à fait. Vous flotterez ainsi dans une atmosphère satisfaisante. Vous réfléchirez sans cesse à tous les moyens possibles d'évoluer. Vous aurez profondément besoin de transformer radicalement certains détails de votre vie. Vous choisirez l'introspection pour vous décider. Vous ne serez pas dans les excès. Mars en Vierge affirmera vos convictions, votre idéal. Vous prioriserez ce qui vous plaira, vous déterminerez ce que vous aurez envie de faire. Vous vous écouterez ! Vous n'écoutez pas les gens qui vous diront : « Ca n'est pas possible ! ». Un voyage, une formation pourra s'imposer et vous permettre d'améliorer vos perspectives professionnelles. Vous chercherez des opportunités, vous serez en phase de réflexion active et vous saurez profiter de cette vibration. Vous développerez vos réseaux de communication. Vous aurez l'art de vous poser les bonnes questions ! Saturne et Neptune brouilleront la communication au sein de votre famille. Il y aura des malentendus, des quiproquos perturbateurs. Veillez à vous exprimer clairement, dialoguez au maximum pour dissiper au plus vite les ambiguïtés. Vous trouverez vos réponses dans la patience et la bienveillance. Vous résoudrez les complications avec la force de votre sincérité et de votre amour.

AOUT

Ouvrez grand tous les champs des Possibles ! Ouvrez votre esprit pour accueillir idées, émotions, sensations nouvelles ! Prenez soin de vous ! Vous communiquerez, ne resterez pas seul, collaborerez à chaque occasion. Votre créativité studieuse vous guidera et vous emportera vers le changement salutaire, vers qui vous êtes, et vous permettra d'oser faire des choses. Vous ne supporterez plus d'anciennes contraintes ! Ne sacrifiez aucune de vos envies car vos doutes instinctifs vous protègeront systématiquement des mauvaises décisions. Il y aura du partage, de la convivialité, de la chaleur humaine. Le Soleil et Mercure sublimeront votre charisme et votre confiance en vous. On ne verra que vous ! On appréciera beaucoup votre personnalité sincère et franche. Vous ne tricherez pas ! Vous saurez aussi être respectueux de ceux qui vous entoureront. Autant de qualités rares ! Vénus et Jupiter préserveront votre milieu familial et amoureux. L'harmonie règnera dans votre vie affective et il ne vous en faudra pas plus pour sous sentir pleinement heureux ! Le mois d'aout 2025 sera une période de plaisirs partagés. Vous ferez des dépenses inattendues et vous vous en réjouirez. Vous ne laisserez pas perdre une seconde ! Saturne et Neptune en Bélier au carré de votre signe vous inspireront la patience subtile. Ainsi, vous ne vous précipiterez pas à accomplir vos actions, vous vous accorderez tout le temps de la réflexion nécessaire. Pluton vous inspirera des nouvelles méthodes pour augmenter vos revenus. Vous diversifierez vos activités, vous expérimenterez de nouvelles techniques. Vous proposerez votre regard lucide sur de nouveaux projets. Nouvelles possibilités, expansion ! Vous élargirez ingénieusement votre carte géographique d'activités tout en allant vers ce qui sera conforme à votre nature. Vous vous épanouirez en toute honnêteté et en toute quiétude.

SEPTEMBRE
Voilà une rentrée pour vous affirmer ! Promesse de nouveau cycle ! Vous vous mettrez en avant sans limite ! Vous serez dans l'action, hyperactif et volontaire. Vous serez positif et vous vous sentirez le droit de faire des projets et de vous surpasser. Vous ne serez ni seul ni oisif ! Vous aurez envie de collectivité, de fraternité ! Et vous atteindrez vos buts ! Pour cela, vous vous appliquerez à communiquer, à collaborer de tout votre cœur et, vous renouerez même avec d'anciennes relations. Ce sera un moment privilégié pour initier les choses totalement nouvelles. Vous allez largement surprendre ! Vous approfondirez, vous peaufinerez vos plans d'action ! Vous aspirerez à évoluer, à vous former, voire à changer de trajectoire ! En effet, le Soleil et Mercure en Vierge activeront votre perfectionnisme. Vous contrôlerez tout dans le détail. Mars au carré de votre signe excitera la jalousie de certains collègues au sein de votre travail. Vous au-

rez la présence d'esprit de ne pas perdre le contrôle et vous éviterez ainsi soigneusement de vous engager dans des conflits inutiles et énergivores. Mars en Scorpion fortifiera votre réseau amical. On vous fera une confiance inconditionnelle. Jupiter vous facilitera les contrats de tous ordres, qu'ils soient professionnels ou privés. Vous pourriez officialiser une relation. Vous développerez beaucoup de sensibilité amoureuse ou artistique. Neptune compliquera certains échanges au sein de votre clan familial. Peut-être, essaiera-t-on de vous inciter à renoncer à un projet de cœur. Vous ne laisserez cependant personne vous dicter votre prise de décision. Vous vous exprimerez alors fermement, sans appel. Votre moral sera solide et bon. Vous ne vous renierez pas ! Vous évoluerez de façon de plus en plus intéressante. Et vous le constaterez. Vous développerez vos pouvoirs, vos talents, vos aptitudes ! Les changements existeront en profondeur.

OCTOBRE

Un mois riche en rebondissements ! Ce sera d'abord une bonne période d'évolution intérieure. Vous travaillerez sur vos idéaux. Vous envisagerez de renouveler les choses pour entreprendre des changements constructifs, nécessaires et salutaires. Vous vous épanouirez socialement. Vous serez en quête de challenges. Vous rechercherez des défis, pour sortir de vos limites, pour glaner des émotions et des satisfactions encourageantes et vivifiantes. Vous aurez besoin de cette étincelle excitante pour vous sentir vivre et évoluer à votre mesure. Le Soleil, Mercure et Vénus dans votre secteur professionnel vous permettront de montrer vos potentiels immenses. Vous démontrerez vos compétences, votre savoir-faire, votre expérience. Vous n'hésiterez pas pour cela à entrer en opposition avec des membres de votre clan professionnel. Vous défendrez farouchement vos positions et vos idées. Vous réussirez à démontrer la qualité et la justesse de vos intentions. Mercure vous soutiendra dans vos démarches, vos échanges, vos négociations. Vous convaincrez vos collègues et on finira par vous suivre et vous accorder carte blanche. Vous aurez gain de cause, à raison ! Votre combativité sera payante. Votre volonté ardente fera ses preuves. Mars vous aidera en vous douant d'une force intarissable. Vous vous montrerez particulièrement intuitif, lucide, éclairé et vous saurez poser, et vous poser, les bonnes questions, celles qui génèrent les bonnes réponses qui font avancer. Vous serez ainsi poussé dans la meilleure direction possible pour votre évolution. Jupiter en bel aspect multipliera les contrats et les engagements officiels. Vous serez parfaitement lucide sur vous-même, vous serez plus que jamais travailleur acharné, vous mettrez des bases solides à tout ce qui vous concernera. Vous aurez largement la capacité de vous imposer.

NOVEMBRE
Vous ferez régner l'harmonie en pleine conscience ! Vous signerez quelque chose ou rectifierez une erreur. Vous réparerez ou transformerez un aspect de votre vie. L'atmosphère sera fluide, lucide, précise, centrée. Vous penserez si fort à ce que vous voudrez, que la vie vous offrira exactement ce qu'il vous faudra pour obtenir le résultat que vous espèrerez. Les doutes s'envoleront définitivement ! Vous vous sentirez globalement détendu et serein, indestructible même devant les évènements les plus imprévus ! Les émotions seront vives en ce mois automnal.

De nombreuses énergies en Scorpion vous donneront les opportunités de faire évoluer vos plans au mieux de vos possibles. Il sera question de collaboration, qui grandira et prendra de l'ampleur. Jupiter, face à votre signe, vous stabilisera en faisant aboutir un contrat ou une union. Saturne et Neptune développeront vos réflexions, votre capacité d'analyse et votre inventivité. Vous prendrez largement le temps de murir, d'approfondir chacun de vos raisonnements. Vous établirez des solutions innovantes. Il y aura une évolution possible et constructive pour vous et vous resterez solidement fixé sur vos objectifs. Vous verbaliserez et vous établirez ainsi un équilibre durable qui vous rassurera sur le long terme. Mars vous sensibilisera aux besoins des gens, vous serez dans l'expression, vous mettrez tout en œuvre pour faciliter la communication, l'échange, le soutien. Vous aiderez spontanément ceux qui viendront vous solliciter. Vous vous sentirez prêt a vous engager durablement sur le plan affectif et à construire une véritable vie de couple. Vous prendrez même les devants ! Vous saurez tout gérer et profiter à fond de chaque instant, de chaque opportunité. Uranus génèrera un évènement lumineux tout à fait inattendu. Il sera question de votre famille, de votre vie amoureuse ou d'une création captivante. Vous serez fait de charme et de délicatesse. On vous appréciera beaucoup et on vous le prouvera, on vous encouragera. Il y aura des invitations, des sorties. Vous vous sentirez bien. La paix, c'est quand chacun est à sa place ! Vous ferez ce que vous aurez à faire. Vous ne vous prendrez pas la tête avec de faux problèmes. L'Univers entendra vos pensées. Vous saurez choisir la joie de vivre ! Décidez- le haut et fort, verbalisez-le : « Je vais être Heureux ! ».

DECEMBRE

Vous irez vers ce qui est pragmatique et constructif. Vous vous découvrirez encore de nouvelles forces ou de nouvelles capacités. Vous serez de taille à régler toutes sortes de situations. Vous gèrerez l'intensité avec maitrise et savoir-faire. Cette fin d'année 2025 sera hyperactive pour les vaillants Capricornes ! Les énergies planétaires en Sagittaire vous inspireront de grandes émotions. Vous consacrerez beaucoup de temps à aider les autres. Vous aurez le talent immense de savoir escorter quelqu'un qui pourra en avoir besoin, en respectant, bien sûr, vos propres limites, et vous serez patient et compréhensif, avec un grand cœur ! Vous serez centré sur votre vie affective et votre cercle familial. Vous prendrez beaucoup de plaisir et de paix à vous rapprocher de votre clan. Vous puiserez auprès des vôtres l'énergie dont vous aurez besoin pour avancer vers vos ambitieux objectifs. Mars, chez vous, stimulera vos forces et vos potentiels à leur maximum. Rien ne pourra vous faire reculer, ni vous intimider. Jupiter légalisera des situations en attente. Vous recevrez les accords, les autorisations, les signatures, dont vous aurez besoin. Uranus provoquera d'heureuses surprises. Pluton consolidera vos acquis, vos revenus, vos investissements. Vous envisagerez même des actions audacieuses sur le plan financier. Après le 15, votre signe sera le lieu de rendez-vous des planètes les plus habiles à vous soutenir et à vous pousser dans votre état d'excellence ! La chance vous précèdera en toutes choses. La Lumière vous escortera ! Ce sera de toutes évidences, pour vous, le moment d'oser être qui vous êtes ! Vous ressentirez tout ! Votre esprit et votre corps seront intimement liés, aussi, laissez-vous aller, gardez le cap, maintenez-vous en forme. Vous préserverez ainsi votre très précieux équilibre physique et mental. Vous serez une source de réconfort et de bienveillance pour tous ceux qui auront la chance de vous côtoyer. Les Fêtes de fin d'année se dérouleront dans une atmosphère chaleureuse et sucrée.

Très heureuses et joyeuses fêtes de fin d'année 2025 et excellente et constructive année 2026 pour le bâtisseur d'excellence que vous êtes devenu !

VERSEAU 2025

JANVIER

Voilà une période faste ! Le Soleil entre dans votre signe le 19 et vous permet d'affirmer catégoriquement votre confiance en vous. Mercure en Sagittaire, Capricorne puis, chez vous à partir du 28, donne à vos projets une place privilégiée attractive. Les projecteurs seront braqués sur vous. Vous déploierez naturellement un enthousiasme et une énergie surpuissants. Ce courant de forces nouvelles sera aussi dynamisé par Mars à partir du 6. La période sera riche en rebondissements positifs sur le plan professionnel et relationnel. Vous vous sentirez de taille à gérer toutes sortes de responsabilités. Vénus, à partir du 3, protègera vos gains financiers et provoquera également une rencontre providentielle. Uranus en Taureau brouillera les échanges au seing de votre clan ou de votre famille. Mais, Pluton, vous inspirera la sagesse nécessaire pour apaiser les tensions et les mésententes potentielles. Vous serez systématiquement aidé par les planètes qui veilleront harmonieusement à vous apporter, au bon moment, tout ce dont vous aurez besoin. Vous allez surprendre positivement. Vous construirez du solide. On vous témoignera de la confiance et du respect. Il y aura un changement radical positif possible dont il faudra absolument profiter, votre vibration élevée vous fera sortir de l'ombre. Démarches, accords, négociations, relations, vous aurez la réussite dans tous les domaines de votre vie. Sur le plan financier, vous bénéficierez aussi des meilleures influences. Si vous sollicitez un prêt ou une augmentation, une nomination, une mutation, vous obtiendrez satisfaction. Le grand changement se met en place, par le biais d' un contrat, d'un partenariat qui vous motive grandement. Le climat rare est hautement productif. Vous cheminerez à un rythme régulier et constant. Vos communications fluides multiplieront vos contacts sociaux. De toute évidence, en janvier 2025, la chance est de votre coté. Ce sera le moment pour vous d'entreprendre tout ce que vous ressentez et de repousser vos limites. Vous évoluerez sans faire d'erreur. Et ce que vous instaurerez en cette période bénie sera appelé à durer.

FEVRIER

Le Soleil, Mercure et Pluton sont chez vous et galvanisent vos énergies. Vous serez sur de vous comme jamais, parfaitement en accord avec vous-même, aligné avec vos ressentis, votre équilibre affirmé. Vous communiquez clairement, avec toutes vos intentions, et aucun obstacle ne vous fera reculer. Pendant les quinze premiers jours du mois, vous mettrez en place un projet qui vous est cher. Vous pourriez recevoir ou donner des explications, ce qui vous soulagera. Vous ferez table rase sur d'anciennes problématiques, pour vous libérer et avoir toute l'amplitude nécessaire pour agir. Dans votre secteur du travail, Mars rejoint à Saturne et Neptune, ce qui générera en vous une nouvelle vague de force pour finaliser de nouvelles actions. Vous vous donnerez tous les moyens nécessaires pour vous affranchir de toutes obligations ou contraintes. Vous développerez vos capacités, vos talents. Vous démontrerez l'ampleur de potentiels. Vous retrouvez un élan créatif qui vous emporte dans la bonne direction. Accordez vous le temps nécessaire, ne précipitez rien, vous assainirez toutes les situations troubles. Vous passerez visiblement à autre chose, pour vous protéger et vous permettre de vous rapprocher de vous même. Ce mois de février vous permettra de vous affranchir en toute quiétude de tout ce qui vous encombre. Restez concentré sur vous et vos objectifs. Ne déviez pas ! Un imprévu se révèlera finalement salutaire en vous permettant de choisir de nouvelles possibilités. Réjouissez-vous et rassurez-vous, cultivez la joie et refusez de vous inquiéter. Jupiter favorisera le plan affectif. Vous pourriez découvrir une nouvelle activité qui vous passionnera et vous apportera beaucoup de satisfaction et de confiance en vous. Vous agrandirez votre cercle relationnel. Votre gratitude instinctive attirera toujours plus d'évènements positifs dans votre vie. Sur la deuxième moitié du mois, vous verrez votre sphère financière prendre de l'essor. Vous obtiendrez de très bons résultats, une réponse satisfaisante, qui va largement vous soulager en vous permettant de vous renouveler. Un message très attendu arrive. Ne vous inquiétez pas devant les tentatives d'intimidation d'Uranus que vous aurez tout intérêt à considérer comme des leurres, capables de vous détourner du principal. Vous avez encore des choses à apprendre, à comprendre. Vous mettrez fin à un combat. Vous vous recentrerez et vous reconnecterez à vous-même.

MARS
Voici un mois spécialement dédié à la communication, sous toutes ses formes ! Ce sera en effet, le moment pour vous d'oser prendre des contacts ambitieux, de lancer une campagne publicitaire, de vous faire connaitre sur les réseaux, de postuler pour un poste idéal, en un mot, un mois dédié à la gloire de votre personne et de vos potentiels. Vous serez également focus sur votre avancée financière. Vous vous fixerez des objectifs, des résultats, capables de vous rassurer sur le long terme. Et vous vous y attèlerez sans vous économiser. Vous réussirez même à placer de l'argent ingénieusement ou à en mettre simplement de côté. Après le 20, les planètes se concentreront en Bélier et vous agrandirez considérablement la carte géographique de vos activités et relations. Vous prendrez beaucoup de plaisir à rencontrer de nouvelles personnes ou de nouvelles situations. Vous y mettrez

toute votre passion et vous récolterez ainsi des connexions aussi diverses qu'enrichissantes. Mars fortifiera votre ambition professionnelle en vous inspirant des projets et des audaces qui vous emporteront vers vos sommets. Surtout, écoutez vos ressentis ! Jupiter protègera la sphère affective et amicale. Pluton chez vous vous métamorphosera en la meilleure version de vous-même. Les doutes et les incertitudes se tairont pour laisser place à votre créativité insatiable et surprenante. Uranus pourra tenter de vous inciter à réfléchir inutilement sur de fausses problématiques que vous aurez vite fait de reconnaitre, si vous prenez le parti d'écouter systématiquement votre cœur et non la raison que les autres voudront bien vous faire miroiter. Un mois pour avancer à pas de géant, en restant centré sur vos valeurs et vos ressentis.

AVRIL

Pluton provoquera pour vous, avec puissance, des changements radicaux incontournables ! Vous déciderez en pleine conscience d'y arriver, vous vous mettrez un point d'honneur à réussir matériellement et professionnellement. Vous briserez d'anciennes chaines. Vous éjecterez de votre vie ce que vous ne voudrez plus voir vous encombrer. Une chose sera particulièrement établie une fois pour toutes, on ne se servira plus de vous ! Vous cheminerez invariablement loin de tout ce que vous ne pouvez plus supporter. Vous renaitrez ! Vous serez sur de vous, vous écouterez vos besoins et rien ne vous fera renoncer à votre élan. Tout sera en train de se jouer pour vous et vous en serez parfaitement conscient. Grâce à votre mental, votre énergie, vous avancerez. Vous sèmerez les bonnes graines pour le futur que vous aurez choisi. Le Soleil et Neptune en Bélier vous donneront un moral d'acier. Il n'y aura ni doute, ni hésitation. Vous partirez sur de nouvelles bases, vous métamorphoserez les piliers de votre vie. Sans appel ! Vous établirez des connexions spéciales et privilégiées avec vos relations professionnelles. Vous serez focus sur vos objectifs et vous canaliserez toutes vos énergies sur la qualité et la sincérité de vos échanges. Vous pourriez centraliser votre attention sur le travail et votre milieu familial ou votre vie amoureuse pourrait en souffrir et ressentir votre absence. On ne manquera pas de vous le faire remarquer ! Vous aurez alors la délicatesse d'accueillir ces doléances sans vous sentir menacé et vous prendrez bien le temps de vous justifier avec la sincérité qu'on vous connait. Mercure en Poissons, puis en Bélier, vous permettra de récolter financièrement, dès ce mois-ci, le fruit de vos intenses démarches professionnelles. Jupiter exaltera votre créativité et votre inspiration. Les bonnes informations vous viendront instinctivement au bon moment. Fort de votre réussite installée pour le long terme, ous aurez alors tout le temps nécessaire pour vous consacrer à ceux que vous aimez et de très belle émotions feront alors surface pour le bonheur de tous.

MAI

Pluton sera chez vous ! Vous switchez pour vous épanouir ! Voilà l'ouverture d'un portail intense générateur de transformations radicales dans tous les secteurs de votre vie. Choix à faire pour vous retrouver là où vous aurez de la passion, du plaisir. Vous vous fixerez des objectifs ambitieux. Vous vous sentirez guidé ! Célébrations de vos joies et de vos succès ! Vous serez un être humain à part entière, vous imposerez ce que vous aurez envie de faire. Vous ne vous occuperez pas de l'avis ou des conseils des autres. Vous saurez quoi favoriser, connectez-vous à votre intuition ! Ce sera clair, loyal, cadré, fiable ! Et ce bonheur vous appellera ! Vous serez vous, et il n'y aura que cela qui comptera ! Jusqu'au 26, vous réorganiserez, aménagerez ou changerez, votre lieu de vie. Vous l'adapterez à vos véritables besoins. Vénus, Neptune et Saturne, en Bélier, affirmeront vos idées, vos inspirations, vos décisions, vos déplacements, vos découvertes. Abondance sous toutes ses formes ! Emancipation, vous aurez besoin de vous sentir libre. Vous serez spontané, ce sera un éveil, un changement radical. Mars, menaçant, mettra vos limites à dures épreuves en vous rendant insupportables les interventions ou les présences de certaines personnes qui ne vous correspondront pas du tout, dans votre vie privée ou professionnelle. Il vous faudra prendre sur vous pour ne pas tout envoyer promener ! Mais vous saurez préserver vos acquis et vos précieux objectifs. À partir du 20, l'Amour sera protégé par les planètes en Gémeaux. Elles vous donneront également une inspiration exceptionnelle et vous subjuguerez avec vos potentiels inégalables et uniques. Lâchez-vous ! Tout sera possible ! Vous trouverez votre équilibre car vous ne passerez plus de temps à des choses inutiles. Vous vous recentrerez consciencieusement sur vous. Focus sur vous ! Et vous ne tarderez pas à voir la différence et à en être réellement satisfait. Vous déciderez de ne prendre désormais à cœur que ce qui vous convient. Et à vous protéger hermétiquement du reste, l'émotionnellement encombrant ! Et, ça, ça change tout ! Maturation parfaite et pour longtemps ! Vous aurez le pouvoir de transformer tout ce qui ne vous conviendra plus !

JUIN
   Le message tournera essentiellement autour du relationnel, des amis, de la famille. Il y aura quelque chose de nouveau qui s'ouvrira finalement sur une heureuse stabilisation. En effet, un revirement de situation positif sera révélé, après de nombreuses interactions chaotiques. Les émotions seront à vif ! Vous aurez du mal à garder vos idées claires. Vous pren-

drez volontairement de la distance pour vous préserver. Il y aura aussi des démarches administratives qui impacteront directement vos intérêts. Vous vous ferez conseiller. Vous ne vous laisserez pas faire. Vous ferez face à une injustice, ou à une personne mauvaise. En cas de rivalité ou d'affrontement, vous ne lâcherez rien, vous aurez du mal à trouver un compromis mais vous finirez par avoir gain de cause. Nouveau regard, nouvelle perspective, vous innoverez ! La sagesse vous permettra d'apaiser les tensions avec perspicacité. La situation se stabilisera et vous vous éloignerez des contrariétés. Il faudra vous autoriser les changements que vous sentirez nécessaire car la roue tournera en votre faveur si vous écoutez votre voix intérieure. Il y aura aussi, en pleine conscience, un lien très puissant, avec quelqu'un qui vous sera destiné. Vous aurez quelque chose de très important à vivre avec cette nouvelle personne. Un jaloux, une personne malsaine, essaiera de jouer sur vos peurs, ou qui essaiera d'impacter ou court-circuiter vos choix. Protégez vos objectifs et les liens qui vous sont chers. Certains essaieront de vous freiner pour vous empêcher de vous épanouir. Choisissez finement vos interlocuteurs ! Prenez le temps de la réflexion. Vous pourriez aussi revenir sur un ancien conflit pour réussir à clarifier une ancienne tension. Le Soleil, Mercure et Jupiter en Gémeaux favoriseront une embellie affective. Si vous êtes parent, votre relation à vos enfants sera chaleureuse et valorisante. Si vous évoluez dans le milieu artistique, le climat sera générateur de succès ! Pluton, chez vous, renforcera votre nature libre et farouchement indépendante. Mars, face à vous, vous inspirera la sagesse et la prudence dans toutes vos relations chargées des émotions du coeur. On s'opposera à vous, alors, restez calme, choisissez d'abord le dialogue. Puis, dans votre secteur professionnel, Mars vous donnera un sens subtil de la répartie et vous saurez ainsi contrecarrer tout mauvais impact potentiel. Vous envisagerez et instaurerez des changements ! Saturne et Neptune fortifieront vos raisonnements, vos ressentis, vos anticipations et vous irez naturellement à la communication avec les meilleures perspectives. Les bons messages viendront tout seuls à votre conscience.

JUILLET

Vous pourrez être merveilleusement vous-même ! Dans une joyeuse impatience, vous vous rendrez compte de ce qui sera désormais important pour vous et de ce qui ne le sera plus. Vous créerez de nouvelles idées positives. Vous pourrez aller vers vos rêves. Vous réunirez autour de vous un cercle restreint mais très affectueux et parfaitement sincère. Et, parce que vous avez su rester authentique, vous serez fort de vos certitudes et vous les défendrez jusqu'au bout. Vous serez un leader ! Ce mois d'été sera pour vous source de puissance. Vous serez loyal et honnête, on ne pourra pas se jouer de vous, vous serez mature et vous pourrez vous en féliciter. Pluton vous plongera dans des émotions toutes particulières irréversibles, vous vous métamorphoserez dans l'envie de grandir. Le Soleil et Jupiter en Cancer soutiendront votre secteur professionnel, multipliant les potentiels et les possibilités. Vous vous sentirez libéré ! Vous ne serez pas dans l'urgence, vous aurez le sentiment de tout avoir entre vos mains, et vous serez essentiellement concerné par votre quotidien, l'instant « T ». Vous développerez votre « empire », professionnel, relationnel, amical, amoureux ! Vous serez entendu, compris, respecté. Vous vivrez votre précieux présent avec joie et sécurité. Les énergies en Lion, vous rendront focus sur l'importance de votre autre. Vous aurez toutes les intuitions, la clairvoyance, pour sentir exactement comment fonctionner. Vous écouterez votre confiance, votre coeur ! Vous vous sentirez en force ! Vous agirez pour votre bien être et vous vous trouverez systématiquement, comme par magie, au bon endroit. Votre enthousiasme et votre dynamisme seront puissants, grâce à Mars qui changera le décor autour de vous. Vous resterez vous-même et vous rencontrerez beaucoup de nouvelles personnes vibrantes d'une énergie saine similaire à la vôtre. Saturne et Neptune doperont votre moral. Vous serez pétri de confiance, de désirs, de créativité ! Ainsi, vous arriverez à bon port ! Vous ne perdrez pas de temps et vous récolterez le meilleur dans tous les domaines de votre vie. Vos énergies d'insouciance naturelle vont débloquer les situations et les gens, ouvrir des portes. Vous ferez aboutir vos démarches, vos actions. Vous vous sentirez apaisé, vous vous accorderez du repos, des récompenses, des pauses de méditation, pour nourrir votre positivité, qui vous attirera en retour les meilleurs contacts. Vous vous stabiliserez, vous vous enracinerez ! Vous vous sentirez progressivement devenir solide, sans équivoque, sans stress et sans peur. Vous communiquerez intensément, vous aurez le savoir et les connaissances nécessaires pour trouver l'énergie pour aider des présences en détresse. Vous serez fidèle à vous-même et vous ferez un bon en avant gigantesque dans le sens de votre évolution.

AOUT
Tout ce que vous avez semé, vous allez le récolter ! Il y aura un gain exceptionnel ! Un coup de pouce de l'Univers, une personne, une récolte ! Vous aurez une force intérieure, mentale, surpuissante pour parer à tous les défis. Surtout, ne vous privez pas de quoi que ce soit ! Donnez-vous encore plus d'élan ! Marchez avec le courant, ne vous posez pas de question, réconciliation avec vous-même, allez de l'avant ! Un cadeau sera là, juste fait pour vous ! Aimez-vous, maternez-vous, écoutez-vous ! Et s'il vous manque quelque chose, ce sera un signe : pour vous inciter à agir vers l'étape suivante ! Vous tournerez le dos à une situation ou une énergie toxique. Vous vous sentirez appelé vers le haut.

Restez discret, vous parlerez plus tard. Vous allez régler quelque chose ! Vous bougerez, voyagerez, vous déplacerez, pour vous sentir léger et à votre place. Vous donnerez votre soutien à ceux qui sauront parler à votre cœur. L'autre sera votre priorité en ce mois d'été ! Le Soleil et Mercure stimuleront et spécialiseront votre élocution. Vous vous exprimerez avec conviction, panache et sincérité de cœur. Votre moral sera indestructible ! Votre intuition vous guidera comme un GPS. Pluton, dans votre signe, vous douera d'un magnétisme et d'un charisme hors du commun. Vous serez inspiré à créer, innover, surprendre comme jamais ! Vous serez indestructible, en totale maitrise de vous-même. Mars vous insufflera un comportement bienveillant et loyal. Quand Mars passera en Balance, vous trouverez tous les moyens pour franchir tous défis et tous obstacles. Vous aurez systématiquement les capacités de surmonter l'insurmontable. Vous aurez foi en votre guidance intérieure, vous aurez confiance en votre force spirituelle. Cette période sera particulièrement porteuse, il n'y aura que des solutions pour vous. Vénus et Jupiter en Cancer, votre secteur du travail, stimuleront vos revenus et vos affaires. Votre calme intérieur vous protègera et vous inspirera. Vous serez l'alchimiste de votre vie ! Vous serez par votre volonté dans l'accomplissement. Uranus en Gémeaux décuplera votre créativité. Le chemin sera limpide parce que vous voudrez qu'il le soit ! Vous serez libre, vous respecterez l'autre et serez respecté en retour. Vous verrez clairement les choses. Amour de vous et des autres. L'ère du Verseau vous consacre !

SEPTEMBRE

Santé, équilibre ! Vous n'aurez aucun doute sur vos choix et vous élaborerez, seul, des projets flambants neufs. Vous vous dégagerez ainsi de toutes contraintes limitantes. Vous vous apporterez une bienveillante attention, toute particulière. Vous détournerez systématiquement votre esprit de ce qui vous perturbera. Vous remplacerez ce qui vous dérangera. La recherche d'équilibre sera votre besoin conscient principal. Vous vous accorderez du temps de qualité. Vous amorcerez cette rentrée avec intensité ! Le Soleil et Mercure en Vierge nourriront votre quête d'informations et de recherche intérieure. Vous pourriez apprendre, étudier, découvrir. Stages, formations, spécialisations... Vous déflorerez des zones inconnues sur le plan du travail. Les points de repère vont bouger, et vous trouverez nécessaire d'envisager des changements, des mises à jour. Vous vous renouvèlerez avec inspiration. Vous trouverez de nouvelles aides, des moyens d'agir ou de vous en sortir. Mars en Balance vous permettra de survoler les difficultés qui trainaient encore. Vous ne resterez pas focus sur ce qui n'ira pas. Vous vous accorderez toute confiance, vous aurez la capacité de vous écouter, de combler vos besoins. Ainsi, vous agirez immanquablement au mieux de vos intérêts. Pluton chez vous, vous donnera la force ! Vous vous imposerez à volonté, votre aura sera irradiante, attractive, envoutante ! L'amour sera puissant comme un ouragan ! Une rencontre, une relation discrète née dans le domaine professionnel... Vous risquerez d'en ressentir tous les effets foudroyants, bons et mauvais. La passion est exigeante ! Dynamisme et charisme à revendre ! Fort de vos énergies boostées par les choses merveilleuses du cœur, vous vous sentirez transporté par de nouveaux élans, vous aurez toutes les possibilités d'entrer en action, comme vous l'entendez, dans tous les domaines de votre vie. Saturne domestiquera votre budget, vous saurez équilibrer vos revenus et vos dépenses. Vous trouverez des solutions en termes d'argent et vous vous sentirez soulagé sur le long terme. Vous aurez une victoire sur le plan financier. Vous pourrez alors profiter au maximum de votre nouveau pouvoir d'achat, sans risquer de vous mettre en péril. Vous ne poserez pas de limites à vos objectifs.

OCTOBRE

Votre audace brisera la glace ! Vous serez droit dans vos bottes, conscient et certain de vos capacités et vous les imposerez ! Cette nouvelle sensation de liberté fera votre joie. La prise de risque ne vous inquiétera pas. Vous recevrez des flots puissants d'énergie, votre aura s'illuminera ! Vous serez en mesure de faire plaisir à votre entourage et votre joie en sera d'autant plus grande. Et ceci vous donnera une force exceptionnelle ! Feu vert ! Accords, signatures, autorisations, vous serez dans l'action ! Votre santé sera excellente, ce qui vous permettra de poursuivre vos objectifs avec détermination. Vous aurez de nouveaux besoins, vous mettrez les choses au clair. Vous aurez envie de plus ! Vous commencerez ce mois automnal avec un plan précis ! Pluton vous galvanisera, il sera chez vous ! Vous aurez une rage de vaincre et de vivre qui mettront toutes les chances de votre côté. Vous vous aimerez d'abord ! Soleil, Vénus et Mercure en Balance faciliteront vos potentiels de découvertes, d'études, de courage. Vous chercherez à vous tenir informé de tout ce qui vous intéresse pour évoluer sans cesse. Vous relèverez vos manches, sans répits ! Mars au carré de votre signe mettra beaucoup de mouvements, de retournements, dans votre vie professionnelle. Vous aurez beaucoup à faire, à gérer, à envisager. Vous ne vous ménagerez pas. Votre emploi du temps surbooké ne connaitra pas de ralentissements. Votre évolution vous mettra en demeure d'affronter des oppositions. Vous étonnerez les gens, vous vous exprimerez, vous vous lancerez des défis de plus en plus intenses. Vous vous laisserez guider par votre intuition, vos certitudes et vous progresserez. Vous serez parfaitement lucide, autonome, prudent, réactif. Vous ne vous laisserez pas surprendre ou déstabiliser. Ne vous approchera pas qui voudra ! Vous saurez vous protéger, vous prendrez soin de vous. Jupiter vous protègera globalement en générant la chance. Saturne vous invitera à continuer à contrôler votre budget. Uranus déchainera votre créativité, vos désirs, vos amours. Vous pourrez tout avoir ! Vous serez magnétique et séducteur ! Les énergies en Scorpion vous permettront de tout analyser au mieux. La communication sera fluide, intense et satisfaisante. Vous vous montrerez sur de vous, comme un expert !

NOVEMBRE

Vous commencerez fort, avec une image de vous épanouissante qui aidera finalement à la venue des meilleures choses. Vous serez un concepteur de génie ! Vous allez en faire la magistrale démonstration ! Vitalité, dynamisme, enthousiasme, bienveillance ! Vous aurez une émotivité a fleur de peau, votre sensualité va palpiter ! Mais, votre attention sera détournée temporairement des perspectives amoureuses, car s'imposera d'emblée un potentiel impressionnant de défis professionnels que vous ne pourrez pas ignorer. Vous n'aurez pas d'autre choix que de faire face, avec raison. Aussi, accordez-vous le temps nécessaire pour étudier chaque obstacle. Misez sur votre expérience, vos ressentis, votre instinct ! Le Soleil, Mars, Mercure et Vénus en Scorpion stimuleront à fond votre combativité, votre ténacité. Zéro peur ! Vous ne renoncerez pas à vos objectifs, vous ne lâcherez rien, vous serez intuitif. Pluton chez vous, déchainera vos énergies, vos forces. Vous vous débattrez, vous ne vous laisserez ni immobiliser, ni duper ! Attention cependant à ne pas afficher d'emblée vos réactions comme elles se manifesteront en vous ! Il faudra absolument garder le contrôle. En effet, votre attitude, coléreuse ou impatiente, pourrait compromettre la bonne réalisation de vos plans. Ne vous emballez pas ! Peut-être faudra-t-il vous taire, pour un temps ? Acceptez-le ! Faites confiance à votre voix intérieure, juste et bonne pour vous. Mercure vous y aidera en vous incitant à choisir les meilleurs outils de communication. Ceux qui vous aimeront sauront vous comprendre et vous accompagner. Mars facilitera votre inspiration à choisir les moyens d'agir les plus intelligents et les plus inspirés. Vous vous concentrerez sur ce qu'il vous sera possible de réaliser pendant cette période. Ne vous impatientez pas ! Ne forcez pas, ne vous buttez pas ! Ne vous inquiétez pas ! Jupiter apportera les opportunités adéquates. Uranus vous insufflera une inspiration vibrante et subtile qui aura le pouvoir de vous tranquilliser. Vous serez touché par la grâce et vous mettrez finalement en place des projets exceptionnels. Vous retomberez sur vos pieds ! Les planètes en Sagittaire vous illumineront le cœur et l'esprit de pensées saines, rassurantes, constructives. Il n'y aura pas de fausses manœuvres ! Vous ne vous laisserez pas influencer par des conseillers toxiques. Faites-vous calmement plaisir, libérez-vous de vos inquiétudes pour avoir les mains libres. Vous rattraperez sans peine le temps perdu dans le domaine amoureux, car vous aurez bien pris la peine de ne pas entretenir de malheureux quiproquos. Vous serez heureux, sincère et authentique.

DECEMBRE

Vous donnerez enfin délicieusement de votre temps, de votre amour, de tout votre cœur et avec une joie et un amour authentique, sans regret et sans frein d'aucune sorte ! Vous serez sollicité de toutes parts mais vous serez particulièrement focus sur les choses du cœur. On vous aimera et on vous désirera tellement, qu'on pourra tenter de provoquer votre jalousie pour tester votre attachement. Et vous ne cacherez pas vos sentiments ! Vous improviserez et fuirez la routine. Vous entretiendrez des liens amoureux et amicaux qui, en ce dernier mois de 2025, captiveront, canaliseront, toutes vos énergies. En effet, vous ressentirez une attraction surpuissante pour une autre personne ! Vous vous investirez complètement émotionnellement, vous ressentirez un amour hors du commun, vous vous engagerez. Le Soleil, Vénus, Mercure et Mars en Sagittaire vous permettront de concrétiser ce que vous aurez dans votre cœur. Votre principal objectif sera de favoriser vos émotions. Pluton, chez vous, affirmera l'authenticité de vos relations. Cependant, Mercure intensifiera en parallèle les relations professionnelles qui génèreront des situations rapides et actives, très fructueuses. Dans le travail, les échanges seront multiples et féconds. Saturne et Neptune vous permettront de gérer et diriger vos revenus, vos négociations et vos placements. Uranus en Taureau libèrera vos désirs, votre communication, votre sentiment de bien-être. Le Soleil en Capricorne rejoindra

Vénus et Mars, et vous passerez la vitesse supérieure pour engendrer et ancrer une véritable paix intérieure durable. Vous aurez fermement le désir profond de construire quelque chose de stable et équilibré sur le plan amoureux. Pour cette période festive, vous serez dans la vraie communication. Ce sera un nouveau cycle dans votre vie sentimentale et vous vous exprimerez sincèrement. Vous mettrez tout en œuvre pour favoriser la qualité de vos échanges. Les énergies vous pousseront à briser vos chaines pour vous réaliser. Vous agirez concrètement ! Vous détruirez les doutes et consoliderez ce qui vous sera devenu essentiel. Vous rechercherez à établir une compréhension réciproque indestructible qui vous permettra de sortir définitivement de l'instabilité.

Très Heureuses Fêtes de Fin d'Année 2025 et Glorieuse et luxuriante créativité aux avant-gardistes Verseaux pour la Nouvelle Année 2026 !

POISSONS 2025

JANVIER

Des objectifs nouveaux arrivent ! Vous démarrerez cette nouvelle année dans un désir impératif d'agir pour le bien-être d'un groupe, d'une collectivité. C'est un passage rare ! L'Univers va vous répondre ! Les influx venus du Capricorne : le Soleil et Mercure, consolideront votre volonté d'engagement durable pour une cause aidante, à petite ou grande échelle. Vous y investirez toute votre passion et toute votre conviction. Vous ressentirez les autres, leurs besoins. Vous serez empathique. A partir du 6, Mars en Cancer, en bel aspect à votre signe, inspire votre créativité, votre inspiration, votre courage, que vous dirigerez avec précision et responsabilité. Vous vous investirez corps et âme dans une nouvelle tâche à portée sociale ou humanitaire. Vénus sera chez vous le 3 et fortifiera votre charisme comme votre crédibilité. Vous serez un véritable aimant capable d'attirer les opportunités, les bonnes personnes, les capitaux. Vous serez un habile négociateur et rien ne pourra échapper à votre contrôle ou à votre attention. Saturne vous inspirera la maturité et la rigueur nécessaire pour ne pas vous éloigner de vos principaux objectifs. Vous vous désintoxiquerez et vous vous protègerez de toutes influences négatives. Vous irez en direction de vos rêves, de vos valeurs, de vos certitudes. Vous vous libèrerez ainsi de tout ce qui est nuisible. Vous irez de mieux en mieux, et cadrerez votre énergie. Neptune vous dotera d'une implacable confiance en vous et en l'Univers qui vous permettra de réaliser de véritables prodiges. Vous serez sur de vous, particulièrement bienveillant et sincère. Sur le plan affectif, vos objectifs seront atteints. Vous ferez le choix de passer une porte, de vous engager sur le long terme. Vous lèverez le voile et clarifierez, officialiserez, une situation. Vous voudrez construire sérieusement et vous oserez vous montrer parfaitement authentique. Vous accepterez et dominerez systématiquement toute difficulté, car vous saurez clairement qu'elles sont là pour vous faire grandir et devenir la meilleure version de vous-même. Tout est pour le Bien ! Soyez conscient que vous méritez ce qui arrive à vous ! Le moral sera au beau fixe.

FEVRIER

Ne poursuivez pas une personne ou une situation dans le professionnel, le relationnel ou le domaine amoureux, qui vous échappe. Avec la pratique et le temps, vous allez attirer des situations fluides en accord avec vos énergies. Ayez confiance, voici un renouveau formidable ! Le manque sera comblé ! Votre environnement va se métamorphoser. Nouvelles énergies qui vous équilibrent. Pendant les quinze premiers jours du mois, vous plongez à l'intérieur de vous-même pour trouver vos réponses en pleine conscience. Vous aurez besoin de vous ancrer, car les actions qui vont suivre vont vous demander beaucoup d'investissement. Une transformation radicale de votre vie va s'imposer. Vous ne pourrez faire face qu'en lâchant prise, en neutralisant vos peurs et vos angoisses. Soyez déterminé à vous choisir, à devenir ce que vous êtes vraiment. Mercure, le Soleil, Saturne et Neptune seront dans votre signe. Par leurs influences, vous passerez à l'action avec une motivation indestructible. La communication sera fluide, évidente ! Vous serez doté d'un instinct infaillible pour solliciter ou contacter les bonnes personnes, au bon moment. Vous serez guidé, inspiré. Sur la deuxième moitié du mois, Mars en harmonie avec les planètes qui occupent votre signe, vous transfuse une énergie de joie et de confiance en vous. Vous vous sentirez plein de bienveillance et d'affection pour ceux qui vous entourent et vous leur communiquerez votre inaltérable enthousiasme. On vous fera confiance et on se nourrira de vos conseils comme de votre chaleureuse présence. Vous serez hyperactif, boosté par Jupiter qui vous inspirera un rythme intrépide qui ne conviendra pas forcément à vos proches. Vous aurez le talent de désamorcer les conflits potentiels. Vous aurez toute la maturité pour analyser avec justesse toutes situations.

MARS

Le Soleil sera chez vous avec Saturne et Neptune. Ces astres, en bel aspect à Mars en Cancer, œuvreront à vous permettre de réaliser quelque chose qui vous tenait à cœur depuis déjà longtemps. En effet, vous allez créer ! Une progéniture, une activité professionnelle, une œuvre d'Art ! A vous de voir et d'écouter votre cœur ! Vous serez inspiré et aidé par l'Univers tout entier pour donner vie à ce souhait qui ronronne en vous depuis des lustres. Les planètes en Bélier favoriseront et sécuriseront votre plan financier. Vous recevrez des revenus providentiels, cadeaux, primes, augmentation, prêts, dons... Un pont d'or se construira sous vos pieds au fur et à mesure que vous avancerez dans ce mois de Mars 2025 ! Bien que vous serez très occupé par vos projets, il faudra trouver le temps de rassurer et entourer ceux qui vous aiment et qui ont besoin de vous. Pour ce faire, Mars éveillera en vous un instinct protecteur, sensible, respectueux et dynamique, qui vous permettra de tout gérer d'une main et d'un cœur, de maître ! Pluton en Verseau pourra ramener sur le devant de la scène, un personnage venu de votre passé. Soyez réceptif à vos ressentis. Ne vous forcez surtout pas à accepter une connexion que vous ne sentirez pas d'emblée comme bénéfique. Vous serez mature et réfléchi. Protégez-vous, protégez ceux que vous aimez, scrupuleusement. Votre évolution et votre position sociale comme familiale, attirera les opportunistes et les jaloux comme une lampe attire les lucioles. N'hésitez pas à vous choisir. Ne culpabilisez pas de votre choix de préserver votre abondance, votre harmonie. C'est vous d'abord, sans aucun compromis possible. Aimez-vous, pour aimer ceux qui vous aiment ! Vous n'aurez pas de souci à vous faire.

AVRIL
Il y aura un éclat magique ! Vénus sera chez vous tout le mois d'Avril 2025, et vous douera d'un charme délicieux, d'un charisme surpuissant, d'une douceur incomparable. Une grande transformation, très jolie, s'installera ! Vous aurez une vision éclairée de ce que vous voudrez mettre en place. Vous réveillerez la force qui sera en vous ! Vous allez vous révéler, vous libérer ! Vous serez à fond dans les sentiments et vous charmerez sans réserve ! Avec Vénus, quelque chose de bénéfique arrivera, à la fois sur le plan amoureux et sur le plan financier ! Tout va s'éclairer, avec votre motivation. Vous vous stabiliserez durablement, votre équilibre sera trouvé ! Le Soleil et Neptune en Bélier protègeront le secteur de

l'argent, de l'abondance, du succès. Le 18, Mars en Lion dopera en particulier le plan professionnel et sublimera votre créativité, votre inspiration. Votre âme géniale s'éveillera, au-delà de l'ordinaire ! Vous sentirez très fort le besoin d'être efficace, de verbaliser, sans état d'âme. Mercure, dans votre signe, puis en Bélier, stimulera vos intentions, votre volonté, votre adaptabilité. Vous écouterez votre cœur et votre détermination. Vous avancerez comme un bulldozer, vous serez clairement réactif, vous ressentirez tout ! Vous saurez infailliblement choisir. Vous aurez des attentes et des idées, privilégiant volontairement votre rapport à la jeunesse et à vos plus profonds sentiments. La communication s'activera comme vous l'attendrez, en réponse à vos démarches. Vous oserez l'inexploré et vous arriverez à la grandeur de la complétude. Restez à votre écoute, corps et âme ! Vos efforts porteront leurs fruits ! Vous réussirez, dans le même temps, à finaliser des projets immobiliers.

MAI

S'il y a des obstacles, vous les

franchirez ! Ne vous perdez pas dans des réflexions interminables, avancez ! Un peu, c'est bien aussi ! Pas de doutes, pas de peur, mais des ressentis que vous suivrez ! Saturne vous quittera le 24, et vous ferez enfin la différence ! Changements, évolutions à clé ! Tout sera d'abord en gestation, en préparation, dans votre tête et autour de vous. Sachez seulement que les bons évènements seront en train de cheminer vers vous. Notamment sur le plan matériel ! Vénus et Neptune, vous permettront d'équilibrer, d'harmoniser, votre quotidien là où vous ressentiez un manque, un inconfort. Pour cela, vous affronterez chaque étape, vous seul, avec vos certitudes et vos valeurs. Et vous trouverez les bonnes réponses, les bonnes solutions ! Les échanges seront passionnés, intéressants, chargés de sens. Il y aura des moments festifs, inattendus, de détente, et vous serez connecté avec des personnes qui auront les mêmes valeurs, les mêmes idées, les mêmes envies que vous. Quelle béatitude, quel soulagement ! L'air sera pur ! La chance vous suivra comme votre ombre ! Cette étape de métamorphose nécessaire et révélatrice, vous donnera conscience de nouveaux potentiels, de nouveaux désirs impératifs, incontournables. Dans cet élan, vous réorganiserez aussi votre vie familiale, vous apporterez des transformations, des rééquilibrages, absolument indispensables. Aucun détail ne sera négligé ! Vous prendrez votre temps pour installer tout le bien être physique, moral, matériel, dont tout votre clan avait besoin. Mars stimulera à fond vos ambitions professionnelles et vous gardera focus sur l'essentiel. Vous allez œuvrer utile, sans jamais négliger vos convictions et vos attentes profondes. Car ce sera grâce à tout ce que vous vous accorderez comme satisfactions et récompenses, que vous pourrez trouver la force d'aider et soutenir tous ceux que vous aimerez. Vous vous aimerez de mieux en mieux, pour mieux aimer les autres. Vous vous sentirez au paradis !

JUIN

Vous aurez le pouvoir de tout faire ! Vous vous engagerez sur un nouveau projet et ce que vous allez construire va durer dans le temps. Et vous ne vous laisserez pas ralentir par l'indécision. Vous vous sentirez protégé ! Et ce qui n'aura pas fonctionné auparavant va clairement laisser place à beaucoup mieux ! Vous pourrez agir ! Croyez en vos talents, vos dons, vos habiletés ! Vous n'aurez pas peur du rejet. Quelque chose en vous sera magnifique, un alignement, un bien-être, et vous permettra de tout imaginer, de tout mettre en place. Ce sera une période de concrétisation, de matérialisation. Un Soleil ! Vous construirez ! De plus, une personne particulièrement fiable va arriver, va vous observer, vous rejoindre et croire en vous ! Cette personne se dévoilera sincèrement et voudra quelque chose de solide avec vous. Invitation, quelqu'un se jettera à l'eau, tentera sa chance avec vous. peut-être en avez-vous rêvé ? Vous serez tous deux alignés et sur la même longueur d'onde. Vous pourriez ne pas trop savoir quoi faire dans un premier temps. Si vous étiez seul, vous ne le serez plus ! Vous pourriez même retrouver votre coté joyeux, enfant, joueur ! Vous serez fidèle et passionné ! Vous éradiquerez les tensions générées par Mars, notamment sur le plan familial, grâce à votre sens innée de la diplomatie et votre douceur. Vous n'imposerez rien par la force, mais par l'amour et la compréhension. Vous trouverez la sécurité, vous inspirerez la protection. Quand le

Soleil sera en Cancer, dans une paix royale, vous pourrez partager des moments chaleureux avec vos intimes. Vous partagerez des moments intenses ! Saturne et Neptune, votre planète, seront dans le secteur de vos revenus professionnels. Vous restructurerez vos actions. Vous mettrez en place d'heureux réajustements. Vous tenterez le coup ! Et ça marchera ! Vous vous sentirez particulièrement aligné avec vos idées et vos ressentis. Cette période vous parlera ! Et vous ferez en sorte que les choses changeront dans le bon sens. Vous aurez la satisfaction de vous équilibrer. La chance sera avec vous, vous aurez le vent en poupe, vous récolterez, vos actions seront porteuses et bien pensées. Sur la deuxième moitié du mois, Mars vous transmettra une puissante énergie qui vous permettra d'avancer comme un bulldozer. Vous pourrez totalement agir selon vos passions.

JUILLET

Vous établirez des projets clairs. Votre vérité est une, elle est au centre de vous-même, vous la reconnaissez d'instinct et vous ne pouvez pas vous tromper. Il y aura un accord, une signature officielle, des démarches. Vous vous lancerez dans quelque chose de nouveau. Déblocage d'une situation, réponse positive, soulagement, libération. Rencontre, entretien, concrétisation ! Quand nous devons fournir plus d'efforts, cela signifie simplement que nous aurons plus de joie après ! L'Univers vous offrira en cet été 2025 un beau coffre à ouvrir ! Vous aborderez le plaisir avec conviction, bien déterminé à en profiter, à ne rien laisser perdre, ce qui signifiera en pratique, avec « régularité et confiance ». Vous choisirez le plaisir en pleine conscience ! Il y aura des nouvelles, des correspondances, des conversations. Vous passerez un cap important que vous attendiez depuis longtemps. Et les choses se feront parce que ce sera leur moment. Vous vous amuserez même si des défis se présenteront ! Les énergies en provenance du Cancer vous conviendront tout à fait et vous inspireront un sentiment profond de bien-être. Vous partagerez une belle complicité avec les membres de votre clan, vos amis, vos connaissances. Les artistes récolteront globalement des joies et du bonheur. Couronne de lauriers, succès, reconnaissance, coup de chance ! Des vœux chers se concrétiseront. Un vent d'évolution vous soulèvera de terre pour vous mener haut et loin. A vous d'agir, de vouloir, de provoquer, d'acter sur le plus large registre possible ! Le Soleil en Lion rejoindra Mercure. Ils préserveront ensemble votre libre-arbitre, vos besoins conscients. Vous vous sentirez entendu, soutenu, servi. Vous serez clairement efficace, vos actions transformeront votre position comme vous l'entendrez. Mars électrisera certains échanges privés. Vous regarderez les choses en face et trouverez des solutions. Vous ferez appel à vos intuitions. Vous vous positionnerez. Vénus et Uranus en Gémeaux réaménageront votre milieu familial, vos habitudes, vos repères, vos routines. Et vous vous en féliciterez ! Des surprises génèreront une forme de légèreté bienvenue et confortable. Vous vous sentirez libéré de pressions. Il pourrait même y avoir une aide financière officielle ! Vous aurez la joie de constater que les choses se simplifieront. Laissez-vous porter ! Toutes les bonnes vibrations se conjugueront pour donner un coup de peps extraordinaire à votre moral !

AOUT

Avec une motivation hors du commun et de bonnes nouvelles au niveau personnel, vos défenses corporelles et mentales seront à leur maximum ! Toutes les idées qui traverseront vos pensées seront bonnes à prendre. Le climat se prêtera à la communication et à la découverte. Si vous cherchez l'amélioration, la surprisse, ne reculez pas ! Prenez tout le temps qu'il vous faudra, respectez-vous, recentrez-vous sur vous et ne vous laissez pas démotiver. Ce mois d'Aout 2025 sera consolidant et constructif. Vous vous consacrerez avec plaisir à ceux que vous aimez. Les planètes en Lion illustreront votre quotidien d'activités passionnantes et plaisantes. Vous vous y appliquerez ! Uranus pourra brouiller la communication avec des personnes indélicates et curieuses qui perturberont votre quiétude. Vous aurez vite fait de vous exprimer sur le sujet ! Votre vie amoureuse sera douce et chaleureuse, méfiez-vous des mauvais regards. Ne vous confiez pas inutilement. Evitez de faire entrer dans votre bulle des personnes qui n'y ont pas leur place. Protégez votre territoire, comme tout ce qui vous sera essentiel. N'accordez aucune importance aux personnes défaitistes qui ne vous comprendront décidément jamais. Exprimez-vous à votre mesure ! Mais ne vous attardez pas inutilement sur le sujet. Vous serez libre et prêt à vivre des expériences formidables ! Vénus et Jupiter préserveront votre vie amoureuse. Vous vous sentirez épanoui dans votre histoire de cœur. Mars dopera vos énergies et vous rendra gourmand de vivre. Vous serez une délicieuse, respectueuse et tendre compagnie. Vous vous sentirez en sécurité. Vos perspectives inédites seront perçues comme autant de changements potentiels positifs ! Le projet professionnel auquel vous vous attèlerez ne sera pas au-dessus de vos forces. Vos pensées seront positives et modèleront votre monde. Vous aurez la volonté d'amorcer et d'ancrer de nouvelles habitudes dans votre quotidien. Vous vous sentirez prêt à tout demander, sans craindre un refus ! Vous serez conscient de vos aptitudes et pourrez légitimement, naturellement et humblement, être rempli d'estime pour vous-même. Ce qui accroitra votre bienveillance naturelle. Vous serez superbe parce que vous vous surpasserez sans efforts. Presque sans bruit. Vous améliorerez votre quotidien sur le plan matériel et profiterez sainement de chaque instant.

SEPTEMBRE

Vous ferez des rencontres qui vous toucheront sur le plan intellectuel. Sur le plan de la santé : grande forme et sourire ravageur, votre mine et votre moral seront éblouissants ! Votre intuition ne sera pas trompeuse et vous lui accorderez une confiance spontanée, absolue, avec raison ! Vos intimes seront à l'honneur. Vous gérerez votre clan avec sérénité et confiance. On s'appuiera volontiers sur vous. Le Soleil et Mercure en Vierge vous doteront d'un sens précis des responsabilités. Vous serez présent et volontaire dans toutes vos relations, toujours à l'écoute, bienveillant et dévoué. Saturne dans votre signe vous incitera à consolider les aspects de votre vie qui le nécessiteront. Vous serez conscient et lucide des modifications salutaires à apporter. On pourra compter sur vous dans tous les domaines. Vous penserez à tout et à tous. Vous serez soucieux de sécuriser votre monde malgré les incitations trompeuses de Neptune. Vous serez sur la voie qui vous correspondra. Votre confort moral ou physique restera votre préoccupation essentielle. Vous aurez besoin de vous réévaluer sans cesse et d'apprécier, valider, ce que vous penserez de vous-même. Ce sera pour vous une nouvelle forme de confiance en vous qui vous permettra d'éradiquer les doutes et les manques. Vous vous ouvrirez au monde mystérieux de l'Invisible, qui vous rendra encore plus fort et lumineux. Et vous vous découvrirez alors spirituel, introspectif, idéaliste... Ce sera alors en vous-même que vous trouverez toute la force nécessaire pour avancer, vous deviendrez ainsi un puit intarissable d'énergie ! En amour, Vous serez charnel ! L'amour sera la nourriture nécessaire a votre grand cœur pour qu'il continue de fabriquer vos désirs et vos forces à l'infini, pour en donner à jamais ! Ce mois de septembre 2925 sera un festin ! Pour les célibataires, le climat sera propice à une belle et vraie rencontre ! Vous travaillerez ainsi sur vous-même et votre projet de vie. Vous progresserez à chaque fois que vous aurez envie de vous améliorer et de devenir la meilleure version de vous-même possible !

OCTOBRE

Vous pourrez compter sur des preuves d'amour tangibles, des preuves d'attachement, d'affection, et vous vous sentirez de mieux en mieux. Les célibataires vogueront sur leur septième ciel ! Votre carrière continuera de vous préoccuper et vous y réfléchirez sans cesse. Plus sérieux que jamais, Saturne vous insufflera des raisonnements introspectifs et portés vers votre idéal. Vos responsabilités changeront du tout au tout, ou peut-être aurez-vous envie de faire une reconversion professionnelle ? Vous modifierez alors profondément certains repères. Le Soleil en Balance sublimera votre charisme. Mars en Scorpion révèlera vos aspirations supérieures et vous pourrez agir avec certitude, fougue et foi. Uranus vous incite à prendre particulièrement soin de vous. Vous veillerez à maintenir chez vous un climat harmonieux et plaisant. Vous refuserez tout net de perdre votre calme pour des banalités de gestion quotidienne. On pourra prendre votre calme pour un manque d'intérêt. Peu vous importera, vous saurez vous montrer réactif à bon escient ! Vous enverrez, en toute conscience, à l'Univers, le genre d'énergie que vous souhaiterez recevoir en retour. Vous prendrez de plus en plus conscience de votre place. Neptune et Saturne vous berceront entre intuition et réalisme. Vous devrez faire un choix de qualité avec le cœur. Le secteur amoureux sera protégé par Jupiter en Cancer. Et vous en profiterez largement ! Le Soleil et Mars en Scorpion favoriseront votre désir de rêver. Vous vous accorderez ce droit pour vous sentir de plus en plus vivant et désireux d'avancer sans cesse pour le meilleur. Car les rêves repoussent les limites des possibles ! Vous apprécierez le bel équilibre émotionnel que vous aurez atteint. Vous partagerez de beaux moments et beaucoup de joie a deux. Vous prendrez tout spécialement soin de la personne qui vous sera chère et tout ira bien dans votre monde !

NOVEMBRE
Les échanges seront au beau fixe parce que vous serez très attentif aux réactions potentielles des autres. Vous n'aurez pas le temps de vous ennuyer ! Vous aimerez même pouvoir vous dédoubler pour pouvoir assurer encore plus et sur tous les fronts ! Il y a des moments ou une intervention sera nécessaire, ou il sera bon de partager des idées qui pourraient aider quelqu'un, et même vous-même ! Vous choisirez de vous exprimer ! Vous aurez l'impression d'être à votre place d'excellence et de mériter totalement tout ce qui vous arrivera. Cela vous fera un bien fou et vous adoucira le cœur et l'âme ! Les énergies venues du Scorpion stimuleront vos idéaux.
Saturne et Neptune chez vous remettront les pen-

dules à l'heure. Vous trouverez un équilibre certain, au centre de vous-même, et vous vous sentirez fort et rassuré. L'inspiration sera galopante et hyperactive. Jupiter en Cancer vous couvrira d'amour et de déclarations flamboyantes. Ce qui stimulera d'autant plus votre créativité ! Les choses du cœur et de la famille vous seront particulièrement agréables et douces. Mercure en rétrogradation tour à tour en Sagittaire puis en Scorpion, favorisera les échanges authentiques et directs avec vos collaborateurs. Vous vous exprimerez clairement et fermement sur vos positions et vos attentes. Vous n'aurez pas à trouver des méthodes incroyables pour vous faire entendre ou vous faire comprendre. Vous vous ouvrirez et éviterez les malentendus et les rapports de force. Cela assainira la situation, car les non-dits empoisonnent et se stigmatisent sous forme de maux. Le Soleil et Mars en Sagittaire vous conseilleront les meilleures réactions face à vos interlocuteurs professionnels et financiers. Vous serez réactif et adaptable, ce qui vous permettra d'éviter les conflits inutiles. Vous bénéficierez d'une grande et puissante solidarité autour de vous. L'Univers vous enverra de bonnes ondes, car vous lui en enverrez vous- même en permanence ! Vous saurez instinctivement canaliser votre trop plein d'énergie pour que votre organisme ne la stocke pas sous forme de nervosité. Vous ferez du sport, peindrez avec passion, chanterez et vous adonnerez a tout ce qui vous fera vous sentir en accord avec votre nature profonde.

DECEMBRE

Vous garderez précieusement le dialogue ouvert avec votre amour, ce qui vous permettra d'éviter tout ce que vous ne voulez pas. En cette période festive, il y aura de belles opportunités de sorties et des moments privilégiés, car vous serez dans des dispositions très affectueuses. Il n'est jamais trop tard pour réaliser ses rêves ! L'expérience vous a démontré cette vérité, tout est possible ! Cependant, beaucoup d'événements concerneront votre vie professionnelle ! Le Soleil, Vénus, Mars et Mercure en Sagittaire provoqueront des complications. Vous vous tiendrez prêt à relever les défis. Saturne et Neptune décupleront vos intuitions. Vous ne vous laisserez pas surprendre. Vous anticiperez avec justesse et précision. Vos pensées seront claires. Vous êtes devenu très fort ! Mars en Capricorne boostera votre dynamisme et vos potentiels. Loin de vous fragiliser, ces obstacles vont vous permettre de vous imposer et de prendre conscience de vos nouvelles capacités. Ce qui consolidera votre moral au beau fixe ! Vous aurez des conversations au sujet de vos ambitions, de vos projets, de vos idéaux. Vous ferez des des rencontres providentielles. Le hasard n'existe pas ! Vos passions seront autant d'indices qui vous guideront vers votre véritable vocation. Comme dit le dicton : « Faire un travail que l'on aime, c'est ne pas avoir à travailler un seul jour de sa vie ! ». Il y aura des possibilités de progression ou de révélations. Inspiration glorieuse ! Sur le plan amoureux, vous vivrez encore de très puissantes émotions. L'atmosphère amoureuse ou familiale vous sera précieuse et épanouissante. Vous serez très sensible aux émotions et aux énergies des gens qui vous entoureront et qui compteront pour vous. Vous veillerez donc à vous entourer de personnes positives et, bien sûr, vous écarterez radicalement et sans appel, les jaloux. Vous serez bombardé d'opportunités sociales et d'invitations. Vous accepterez de vous distraire tout en restant concentré sur votre essentiel ! Votre sensualité sera exacerbée, insatiable, à fleur de peau !

    Bonnes et Heureuses Fêtes de Fin d'Année 2025 et, chers Poissons, préparez-vous à une Année 2026 riche en Joies et Abondances de toutes sortes !

RACHEL

06 26 86 77 21
Cabinet Galerie
10 Rue de la Radue 69500 BRON
Uniquement sur RDV
Rachelnews@yahoo.fr
Rachel-conseils.com

HOROSCOOP chaque matin,
sur RADIO SCOOP,
HOROSCOPES IMPACT FM et MAX RADIO.
VOYANCE EN DIRECT (Dimanche 12h00/14h00), replay jeudi soir sur FB, Youtube.
Chaine YouTube : Rachel Levy
Facebook : Rachel Radio Scoop
Tik Tok @RACHELOFFICIEL 2022

Sur RDV en Cabinet : après-midi et soirées.
Par téléphone et visio : 7j/7   l'après-midi et le soir même très tard.
04 78 62 20 15 et 06 26 86 77 21

Écoute, Conseils, Coaching
Tableaux, dessins

Ouvrages publiés par RACHEL :
Disponibles en boutique et sur le site internet:

Murs d'Eau, Roman
Les Amants Terribles, Roman
Les Voix, Essai
Prévisions Astrologiques 2010, 2011, 2012, 2013, 2014, 2015, 2016, 2017, 2018, 2019, 2020, 2021, 2022, 2023, 2024, 2025.
En cours d'écriture : MURS D'EAU 2
En cours de création : Le Tarot de Rachel